Técnicas de creatividad musical

Edgar Ferrer

Técnicas de creatividad musical

Introducción al conocimiento de la armonía y el contrapunto

Un método práctico y ágil para desarrollar la intuición musical y la percepción auditiva

Con ejercicios y guías

sb

México - Madrid - Santiago - Montevideo - Asunción - Lima - Buenos Aires - Bogotá - Quito

Ferrer, Edgar
Técnicas de creatividad musical : introducción al conocimiento de la armonía y el contrapunto / Edgar Ferrer. - 1a ed. - Ciudad Autónoma de Buenos Aires : SB, 2024.
154 p. ; 28 x 20 cm.

ISBN 978-631-6593-89-4

1. Composición Musical. 2. Armonía. 3. Música. I. Título.
CDD 780

Argentina: Salta 188, Piso 3 - C1074AAD - Ciudad Autónoma de Buenos Aires
Tel.: +54 9 11 3012-7592 - www.editorialsb.com • ventas@editorialsb.com

México: Juan José Eguiara y Eguren 7 - 06850 - Cuauhtemoc - Ciudad de México
www.editorialsb.com.mx • ventas@editorialsb.com.mx • WhatsApp: +52 55 4925 9309

España: Calle Azafrán, N° 9 Piso 2° A - 28222 Majadahonda - Madrid
www.editorialsb.com • ventas@editorialsb.com • WhatsApp: +34 695 700 395

Queda hecho el depósito que marca la Ley 11.723

Contenido

Parte II

Estructuras básicas **33**

Parte III

Estructuras complejas y dinámicas **67**

Este libro está dedicado a mis antecesores en el linaje
y quienes me acompañan en la vida:
mi familia grande en cuyas ramas soy uno más, siempre.

A mis maestros, presentes todos en cada Curriculum,
porque están presentes en mi presente, cada día.
De entre ellos, destaco a Sergio Hualpa,
hay mucho del trabajo que comenzó con él en estas páginas.

Nadie aprende fútbol
conociendo de memoria el reglamento.
Nadie aprende nada
conociendo sólo las reglas.

Una cosa son las reglas, y otra, el juego.

Trate de tener más problemas prácticos que teóricos.
Juan Pedro Franze

Agradecimientos

Agradezco la interlocución y el oficio de Cecilia Ricci y Andrés Telesca. Mis Editores me han cuidado y acompañado en el trabajo de un modo bello, cálido, cercano y con una idoneidad que me llevó a un grado superior.

Agradezco también a mis amigos del mundo del arte. Es gracias a nuestra experiencia interdisciplinaria de confrontación de obras, de trabajo, de miradas, que yo he tenido la necesidad de ver el lenguaje musical como un todo. La visión que generó este libro nace de nuestros intentos de ser parte de una cultura en la que uno se constituye en la interlocución.

Por último, quiero agradecer especialmente a Natalia Macera, su mirada aguda y cálida ha acompañado la revisión de este trabajo durante largos y extraños meses de 2020 y 2021, en tiempos de pandemia.

¿De qué se trata el libro?

Este libro no es un tratado ni un ensayo. Tampoco un manual.

Lo que se dice aquí no va ni en contra ni a favor de ninguna posición estética o gusto musical.

Es un modo de abordar el aprendizaje de la Armonía y el Contrapunto a partir de la propia creatividad e intuición musical. Por eso lo llamamos "Técnica", también podemos hablar de Metodología.

Este trabajo es el fruto de un hallazgo: he constatado que cualquier persona con instinto musical puede ser capaz de aprender el funcionamiento de la música tonal desde la práctica.

Requisitos

Basta tener una base de lecto- escritura musical, y si se tocan acordes simples en un instrumento armónico, mejor.

Aunque también el manejo de ciertos conceptos básicos es fundamental para poder comenzar, el verdadero conocimiento de materias como la Armonía y el Contrapunto se genera con la práctica. "Lo importante es lo que Suena", como se dice habitualmente.

Método

Es necesario contar de parte de las y los estudiantes con una disposición dirigida a tocar y cantar mucho: nada está de verdad sabido hasta que no se maneja con cierta soltura.

Se verá que la Técnica colabora para desarrollar el oído interno, conduce a tener nociones de direccionalidad y ritmo, tanto melódico como armónico. De este modo se desarrolla una cabal idea de la semántica musical en el Sistema Tonal aplicada al instrumento. Vale decir, entonces, que no aprenderán "por partes", sino de un modo global y unificado: como se aprende un lenguaje, un idioma.

En cuanto al texto, he tratado de ser ameno y no solemne, justamente porque creo que para aprender desde la vida es necesario un espíritu de juego, sin acartonamientos.

Tu parte consistirá en trabajar duro y parejo: una Técnica no se aprende de modo discontinuo ni haciendo prevalecer lo racional sobre lo práctico.

Te doy dos palabras fuera de moda, pero muy útiles:

¡Constancia!

¡Coraje!

Te doy otra, que se usa poco:

¡Esfuerzo!

Con estas tres cosas, no hay paredes infranqueables.

Tu capital como persona de oficio en la música serán tu conocimiento, y tu criterio.

Lo que la Vida te dio, ya te lo dio: talento, en mayor o menor cantidad.

A vos te toca ver que hacés con él.

MUY IMPORTANTE

A través de este codigo QR podrás acceder y descargar:

- todas las pistas mp3 del libro
- las versiones midi que acompañan las ejercitaciones
- todos los ejercicios en formato pdf para imprimir
- recursos complementarios que irán enriqueciendo la propuesta

También podrás encontralas aquí en la url de mi página:

www.edgarferrer.com.ar

Prólogo para la presente edición

Este trabajo es el fruto de un hallazgo: he constatado que cualquier persona puede ser capaz de aprender el funcionamiento de la música tonal de un modo orgánico y desde la práctica, teniendo como herramienta esencial su propia intuición.

Reafirmo mis convicciones respecto a la necesidad de articular el conocimiento armónico y el del instrumento, tanto en el plano teórico como empírico. Y más aún:

Reedito este trabajo porque he constatado que las *Técnicas de Creatividad* propician un crecimiento en la libertad y fluidez en la comprensión del lenguaje musical en general, y también en la capacidad de análisis de lo que se toca, porque se avanza desde una mirada integral, holística y creativa.

Descubrí también algunos beneficios extras: perderle el miedo a la improvisación melódica, comprender las bases de cómo establecer un bajo continuo, aprender a ornamentar la música con criterio propio, conocer el cifrado americano desde sus principios, etc.

Modo de uso de la Técnica

La primera parte contiene algunas definiciones generales y básicas que creo esenciales para poder comenzar. Para poder hablar de algo, se parte definiendo qué es ese algo.

Luego sigue una serie de Trabajos Prácticos en los que recorremos todo el desarrollo de la armonía en la música tonal. Este recorrido se hace poniendo en la base a la propia creatividad. Aprenderán a hacer melodías sobre secuencias de acordes, a hacerles una segunda voz en contrapunto, establecer líneas de bajos, armar texturas de acompañamiento y armonizar melodías dadas.

Por último, en el apéndice del libro nos dedicamos a las elaboraciones de conducción a cuatro voces, y repasamos el temario completo del libro de esa manera.

Consideraciones generales

Las que siguen son algunas pocas pautas de orden "teórico", en realidad más reflexivo, toda vez que lo teórico es una consideración especulativa de un tipo de conocimiento, en cambio lo reflexivo es una idea material que se tiene luego de haber hecho una o varias experiencias.

Por eso mismo, la profundidad y generalidad de las consideraciones que siguen no son cosas que se entenderán totalmente con una simple lectura, sino que cobrarán un significado más preciso con la práctica.

Justamente y por las dudas, pongo algunos significados (según el diccionario) que seguro sirven o renuevan la comprensión de lo que digo:

- *Conocimiento*: Averiguar por el ejercicio de las facultades intelectuales la naturaleza, cualidades y relaciones de las cosas.
- *Conocer*: Experimentar, sentir algo.
- *Criterio*: Capacidad de juicio o discernimiento, una metodología para conocer la verdad.
- *Verdad*: adecuación entre una proposición y el estado de cosas que expresa; conformidad entre lo que una persona manifiesta y lo que ha experimentado piensa o siente; carácter de lo que ocurre o existe realmente por contraposición a lo que podría imaginarse.

Parece ser entonces que, para formarse criterio sobre algo, hay que transitar necesariamente un número razonable de experiencias, sin las cuales no vamos a tener la cantidad de elementos necesarios para construir nuestro juicio.

¡Esto quiere decir, práctica, práctica, más práctica!

Mis principios

- La música es comunicación: narra, cuenta.

- Como todo arte, es vehículo de memoria.

- Quienes nos dedicamos a la música en particular o al arte en general, somos personas que contamos historias: agentes de memoria.

PARTE I

Los cimientos

Presentación del marco teórico conceptual

Esta primera parte contiene algunas definiciones generales y básicas que creo esenciales para poder comenzar.

Tal vez puede parecer una parte relativamente breve, sin embargo, su peso específico es grande.

Es que las leyes generales y básicas tienen una profundidad y amplitud que, aunque se comprendan en una primera lectura cobrarán un significado más preciso con la práctica y el tiempo.

1. Leyes generales del discurso musical

1.1 Todo elemento del discurso musical aislado es básicamente neutro

En general, ni un acorde mayor es alegre, ni un acorde menor es triste, ni un acorde disminuido aislado genera tensión, etc.

Es decir, los elementos del discurso musical, aislados de su contexto o de su significación semántica general, no tienen por qué generar lo que dentro de un determinado contexto nos generan. El significado está atado tanto al contexto como al significante.

Dicho al revés: el contexto es determinante.

Por ejemplo, obervamos la palabra "blanco" en dos contextos diferentes, pese a estar en la misma frase.

"Blanco fácil de críticos aventureros, seguía con la mente en blanco."

Ahora probemos con "tristeza", que tiene una carga mayor de valor:

"Me produjo una gran tristeza..."; "En la fiesta, ajeno a toda tristeza..."

Al fin de cuentas, una golondrina no hace verano.

1.2 El discurso musical es una constante interacción entre tensión y reposo

(Tensión y Reposo; Día y Noche; Vigilia y Sueño; Chin/Pum, final de tango, etc.)

Este enunciado es válido tanto para el macro-proceso del desarrollo de una obra, como para el micro-proceso de eventos alternativos, ya se trate de un minué, un blues o de una sinfonía. Es que en las artes performáticas como la música, el devenir narrativo se justifica por la continua aparición y resolución de conflictos, ya sean estructurales o eventuales.

Todo el tiempo está pasando chin-pum (tira y afloja). Se notará más o menos, pero pasa.

Esta ley dialéctica del discurso musical, tiene que ver con reglas simples de nuestra comprensión (dialéctica) de la naturaleza. Por ejemplo: se vive y se muere, es de día o de noche, uno está despierto o está durmiendo.

Esta continua interacción entre tensión y reposo es válida para cualquier sistema musical. Claro que en cada sistema de expresión aparecerá formalmente de modos diversos. Aun en el mismo sistema tonal hay infinidad de modos de hacerlo.

1.3 La proximidad de elementos de una misma naturaleza da sensación de estructura

Ahora bien, ¿qué son elementos de una misma naturaleza? En el lenguaje musical los elementos de una misma naturaleza son básicamente los sonidos, los ruidos y, obviamente, los silencios, que son la ausencia de ambos.

Una agrupación de sonidos da sensación de estructura. De esto nos damos cuenta, por ejemplo, cuando vamos por la calle y escuchamos cuatro o cinco bocinazos seguidos, enseguida puede pensarse en una estructura, en una pequeña idea musical.

En el caso de ir por la calle despierto, claro.

Y tambien es necesario que los sonidos sean más o menos seguidos en un lapso que nos permita relacionarlos entre sí. Esto introduce la otra variante, que es la del tiempo.

La Ley de Proximidad, por lo tanto, se refiere a una proximidad en el tiempo y el espacio, concebido este último no solamente como el lugar físico, sino sobre todo como la relación de alturas entre los sonidos. Así, dos sonidos que están a una segunda de distancia pueden resultar más disonantes que si los separan 3, 4, o 5 octavas de distancia, dado que la gran diferencia de altura en la frecuencia hace que percibamos de modo diferente el grado de disonancia que pueda haber entre esos dos sonidos.

A continuación, cinco leyes nos dicen qué tiene que tener un sistema para ser sistema.

2. Leyes básicas de caracterización de un sistema (cultural, estético)

1. **Tiene que estar formado por elementos de una misma naturaleza.**

   En música naturalmente los sonidos son el recurso expresivo, naturalmente también los silencios. Cuando decimos los sonidos, es en tanto eventos, es decir en el sentido más amplio que se pueda entender, la música es un lenguaje performático.[1]

2. **Tiene una regla de funcionamiento tal que, si no se cumple, el sistema desaparece o muda en otro sistema (ley *sine qua non*).**

   En el sistema Tonal, la regla de juego básica es la capacidad de reposo de la Tónica. (La Tónica es la primera nota, y también el acorde construido sobre ella en una escala mayor o menor).

3. **Los sistemas tienen cierta permanencia en el tiempo.**

   Se comprueba fácilmente: hoy no nos delira lo que hace 500 años estaba en boga.

   Todo cambia. Es cierto que un sistema estético no es una moda. Por eso, cuando la gente encuentra un modo de expresión, en general queda establecido por mucho tiempo, en general. Pero, tarde o temprano, cambia.

   Esta ley está sustentada en las dos siguientes.

4. **Los sistemas generan elementos de enriquecimiento.**

   Por una cuestión natural, la gente necesita innovar, cambiar. Esto influye sobre los elementos que usa.

   A los cambios producidos los llamamos "enriquecimiento" (no confundir con progreso) porque cada uno de estos cambios o pequeñas mutaciones no siempre eliminan el uso anterior, sino que se agregan a lo que ya se hacía. Alguien innova o descubre algo, otro lo ve y le gusta... hasta que se incorpora como una nueva "normalidad".

5. **Los sistemas generan elementos que los agotan y los conducen a mutar**

   Esta ley está íntimamente ligada a la anterior. Es el enriquecimiento acumulado lo que agota un sistema. Tantas pequeñas mutaciones lo transforman en otra cosa.

---

1 De hecho, la música desde tiempos remotos integra ritos y situaciones sociales, con o sin escenario. Teniendo desde nuestra época una mirada amplia, vemos que la "puesta" siempre fue parte de la música.

Nosotros, en el recorrido de nuestro proceso de aprendizaje, vamos a ir viendo, a través de un desarrollo de las tensiones dentro del sistema tonal, en qué consiste este enriquecimiento que, a la larga, va a generar la mutación del sistema.

Nota

Para ser coherente con un punto de vista que trata de ser global y abarcativo, tengo que aclarar que, para mí, las leyes que rigen un sistema estético tienen que ver fundamentalmente con la expresión de la gente de una época.

En definitiva, los sistemas son generados por necesidades estéticas que, a su vez, están sustentadas por necesidades expresivas, por impulsos esenciales e irrenunciables de comunicación del ser humano.

Destaco que los grandes momentos de cambio del sentir estético suelen estar sustentados o hasta provocados por descubrimientos, cambios o revoluciones tecnológicas concretas. Para poner un ejemplo que me resulta paradigmático: hacia el final del Renacimiento, principio del Barroco, el sistema musical es fuertemente alterado por un descubrimiento científico: la temperación. Es la temperación que genera el nacimiento de la orquesta, provoca aquel "acuerdo grande" (en italiano "Concerto Grosso", que nace como una nueva forma. Provoca una mutación en el modo: de ponerse de acuerdo, en el modo de contar la historia que la música cuenta, toma forma el bajo cifrado, surge la figura del director de orquesta, nacen nuevos instrumentos, caen otros en desuso, nace la Opera...

Y no solamente: los modos antiguos ceden ante la nueva síntesis propuesta por la tonalidad, y los muchos etcéteras que hay...

Todo esto, sin la temperación, es impensable. Es la posibilidad de temperar los instrumentos lo que permite la agrupación, y el desarrollo cromático.

Al punto de que hoy, estudiar los modos desde nuestros instrumentos temperados, es como tratar de entender el funcionamiento de las viejas y queridas Remington y Olivetti y las concurrentes clases de mecanografía desde el teclado de un ordenador y con el sistema de ventanas.

En el marco descripto, un sistema no es sólo su semántica sino también sus formas, sus elecciones tímbricas, y hasta el modo en el que se establece el feedback con el público. Porque, como se desprende de lo anterior, un sistema de expresión es una consecuencia viva de una cultura.

Aclaro todo esto porque la temática de esta Técnica y sus ejercitaciones están pensadas para que quien se guíe por él desarrolle su instinto musical y su percepción auditiva y de ese modo, solo o con la guía del docente, llegue a descubrir de por sí las leyes menores que articulan las necesidades estéticas de base.

3. Sistema tonal

La regla de juego básica (ley *sine qua non*) del sistema tonal es mantener siempre la capacidad de reposo de la nota que llamamos tónica.

Presentación

Racconto

Desde fines del siglo XVI el mundo del sistema Modal poco a poco comienza a sintetizarse en un nuevo sistema de escalas, esta síntesis da origen al sistema Tonal. En el sistema Modal existen varias escalas, cada cual con su estructura, que comienzan a ser utilizadas en dos grandes grupos: las que comienzan con una tercera Mayor y las que comienzan con una tercera menor.

De esta manera, la síntesis de los modos se realiza en dos escalas que dan estructura al sistema naciente:

1. **La escala mayor**, que proviene del jónico.
2. **La escala menor**, que proviene del eólico y a la que conocemos como antigua (escala natural que comienza en un LA).

Ahora bien, como en este sistema lo que importa es la capacidad de reposo de la tónica, surge entonces la necesidad de tener una sensible.[1]

Para que la Tónica afloje, la Sensible tira

Sensible: elemento que genera tensión para descargar en la Tónica. Siempre es, por lo tanto, el **séptimo grado que marcha por SemiTono hacia la Tónica.**

En el modo Mayor (jónico) esto se da naturalmente por su estructura.

1 De hecho, es la necesidad hacer existir a la sensible en cada modo (ascendiendo a la séptima nota de la escala si hace falta) lo que contribuye a que todas las escalas se asemejen mucho y la idea de los Modos comience a perder sentido.

En el modo menor (eólico o antiguo) no se da esa estructura porque del SOL al LA hay un tono. Entonces es necesario ascender artificialmente el séptimo grado de la escala para obtener así una sensibilización por SemiTono.

La experiencia

Probá tocar como cadencia final Mim-Lam y después MiM-Lam; vas a ver que la secuencia Mim-Lam puede gustar más o menos, pero es mucho menos conclusiva y clara en esa determinación que la de MIM-Lam.

Ya comenzamos con los temas particulares. Aunque "te sepas" lo que viene, no estará de más repasarlo un poco.

3.1 Escalas Mayores y menores. Su estructura

Se explica sólo la estructura, ustedes deben poder cantarlas y tocarlas a partir de cualquier nota.

Aclaración

Los ejemplos en Modo Mayor se harán sobre Do Mayor y los ejemplos en modo menor, se harán sobre La menor.

Para las estructuras usaremos T por Tono, S por SemiTono.

Tocar, cantar, leer y escribir involucran partes complementarias de la sensopercepción y de la comprensión. ¡No te conformes si te sale un aspecto, hacé un esfuercito y transitá todos!

Escala Mayor: T. T. S. -T- T. T. S.[2] //

Pista **1**

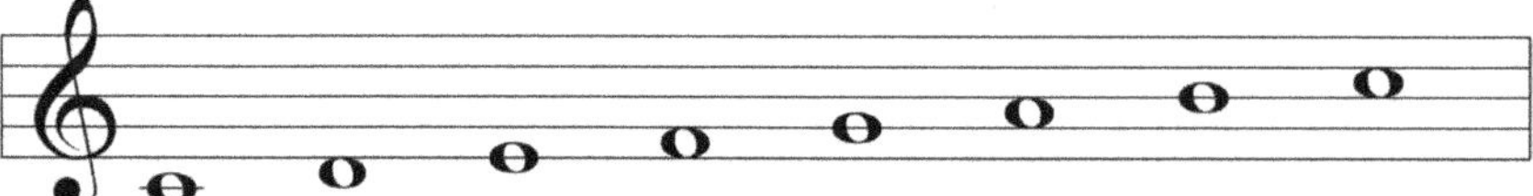

Las escalas mayores no presentan problema a los efectos de definir la Tónica por la estructura tono-tono-semitono que, como dijimos antes, hace que la escala tenga un paso de semitono entre la sensible tonal (VII grado) y la tónica. También tiene unidad de direccionalidad, es decir los grados conjuntos son tonos o semitonos.

2 Las Pistas sirven como una referencia, siempre lo ideal es tocar y o cantar cada ejemplo o ejercicio. Nuestras pistas son archivos MIDI y MP3 por una cuestión de versatilidad en el uso: mp3 se pueden escuchan como están y las midi, para quienes tengan la posibilidad reemplacen los sonidos por otros, cambiar la tonalidad, etc..

Pista **2**

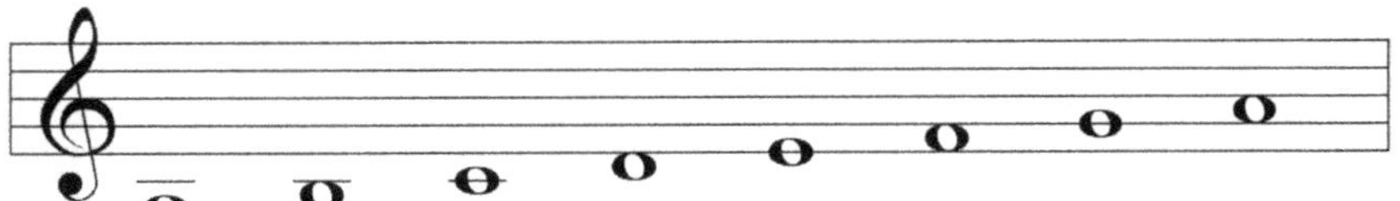

La escala Antigua presenta problemas para ser usada en el sistema tonal empleada tal como está y de punta a punta en una obra, porque al no ir SOL (VII sonido) por SemiTono hacia el LA (tónica) no hay sensible (por lo tanto, no hay reposo claro en el LA porque el V que se puede armar es menor).

Escala menor armónica: T. S. T. -T- S. T1/2. S.

Pista **3**

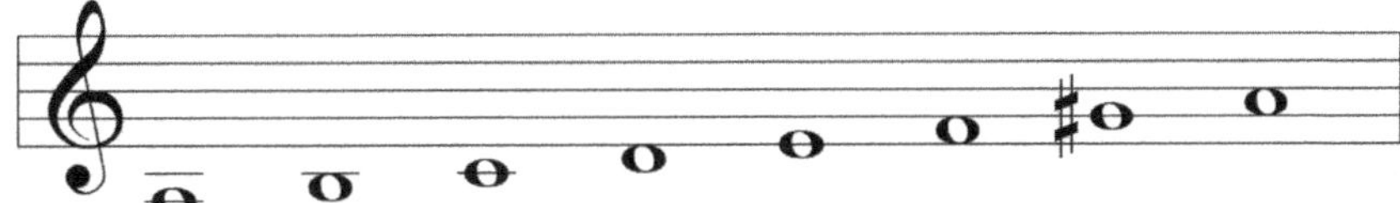

Esta escala incorpora la sensible, pero se fisura el segundo tetracordio porque al FA le conviene más bajar al MI que saltar al SOL#. En el sistema Tonal, la naturalidad general del grado conjunto se dá si la distancia se alterna en tonos y semitonos.

Por lo tanto, como en esta escala hay una segunda aumentada entre esos grados, está rota la direccionalidad de la escala, y por eso tampoco se usa habitualmente en un contexto melódico. Sí, en cambio, se puede poner FA en una voz y SOL# en otra, justamente porque de ese modo no se va a notar el salto.

De esa manera, las voces van a tener movimiento independiente y nunca se va a escuchar la segunda aumentada. Por eso muchas canciones en Lam terminan con la secuencia de acordes "Rem-MiM-Lam". Como siempre: prueba, canta, toca...

Escala menor melódica: T. S. T. -T- T. T. S. y desciende como la Antigua

Pista **4**

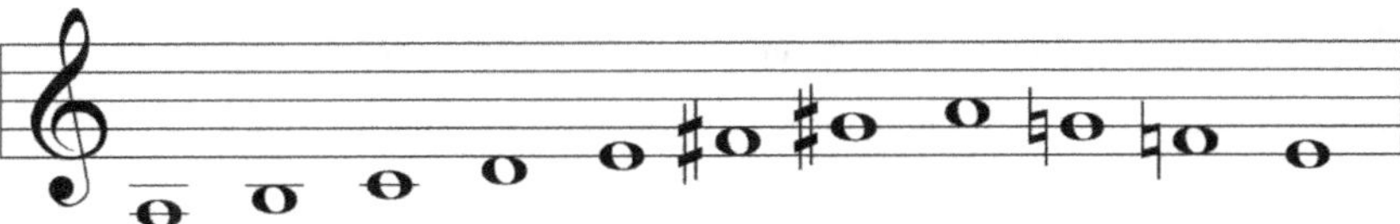

Asciende también el FA# y de ese modo elimina la fisura que había en la escala armónica. Pero ha quedado híbrido el modo, porque el segundo tetracordio quedó tono-tono-semitono y eso suena Mayor; de hecho, si ustedes intentan cantar la escala ascendente como melódica y descendente también, les va a resultar muy difícil cantar un DO porque van a intentar cantar un DO#.

Por eso, se desciende con el SOL y el FA naturales.

Hagan la prueba cantando y tocando.

Escala bachiana: T. S. T. -T- T. T. S. y desciende del mismo modo **Pista 5**

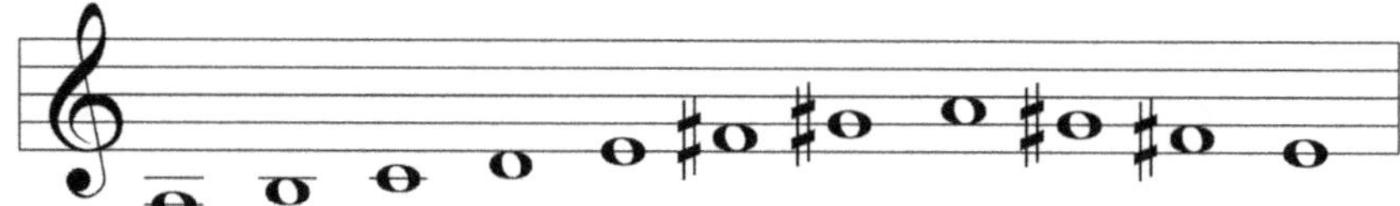

Es, en definitiva, una variante de la melódica, baja y sube de la misma manera; por lo tanto, su hibridez también hace raro su uso en TODA una obra, da Capo a Fine. (Cabe aclarar que no se sabe si J. S. Bach inventó esta escala. Por suerte el Maestro usó todo lo que había en su momento e incluso echó mano a recursos de un par de siglos más adelante).

Conclusión

Con las escalas menores podemos observar, si analizamos obras en que los compositores las usan, la posibilidad del VI y VII ascendido según les convenga.

Por lo tanto, decimos una pieza está en modo menor cuando percibimos que el ámbito general es menor.

3.2 Acordes

Básicamente, llamamos acorde a un grupo de más de dos sonidos tocados simultáneamente.

En general la interválica de construcción (distancia que separa cada sonido de los otros) podría ser cualquiera.

Pero en el sistema tonal la interválica es siempre de **terceras superpuestas**, Mayores y menores y a veces aumentadas o disminuidas.

Estas terceras superpuestas dan como resultante acordes de tres o más sonidos:

Tríada (de quinta), de séptima, de novena, de oncena, etc.

Comenzaremos a clasificar los acordes a través de las escalas.

Vamos a ver qué acorde Tríada tiene cada grado de las escalas Mayor y menor tipo.

Obviamente, en la escala menor vamos a tener en varios grados más de una posibilidad, debido a la potencial / necesaria alteración del sexto y séptimo grado. Todos los acordes que contengan al FA o al SOL van a tener dos modos de presentación, algunos más usados que otros y otros directamente que no se usan nunca, pero vamos a conocer todas las posibilidades.

Presentación de Acordes Tríadas en escalas "tipo", Mayor y Menor

APM es Acorde Perfecto Mayor, apm es acorde perfecto menor.

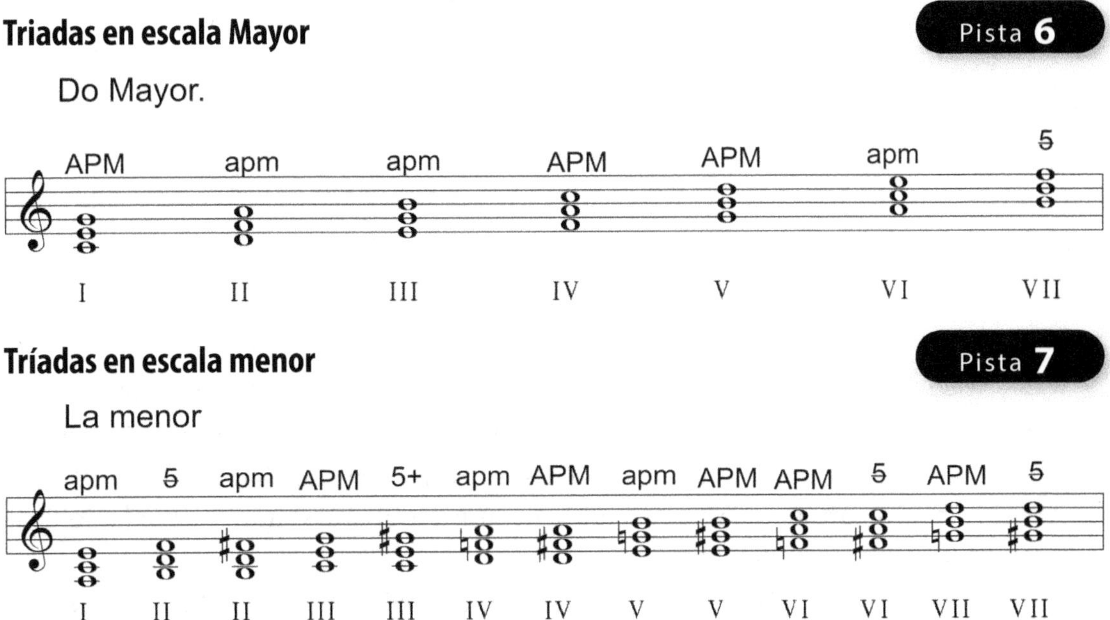

- Recomiendo cantar cada uno de estos acordes y tocarlos en diferentes escalas Mayores y menores.
- No todos los acordes de la escala menor se usan habitualmente, pero es importante que te ejercites y los conozcas, en toda cocina hay ingredientes que se usan poco, pero quien cocina los puede necesitar.

Cifrado tradicional de las Inversiones del Acorde Tríada

Invertir un acorde es poner en el bajo una nota que si bien pertenece al acorde, no es su fundamental. En el ejemplo, el acorde tiene siempre el bajo cerquita del resto del acorde, por una cuestión gráfica. En la vida real puede haber varias octavas de distancia entre lo que tocan los bajos y el resto de los instrumentos.

Las inversiones inciden sobre la estabilidad y el color de los acordes. Este tema se abordará en la última parte del libro, cuando trabajemos sobre la Conducción a Cuatro Voces.

Acorde triada inversiones

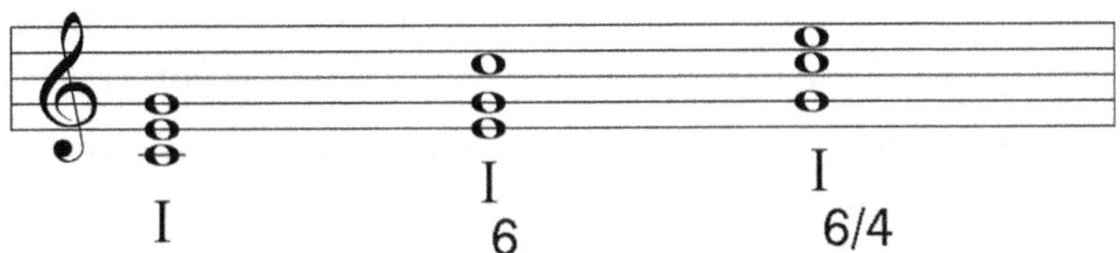

Carissimi allievi: Las definiciones que siguen no son verdades absolutas ni dogmas de fe. Sin embargo, es conveniente que sean entendidas, y para esto es imprescindible ejercitarse.

4. Funciones tonales

Decir función es referirse al papel que juega cada acorde dentro de la tonalidad.

Vale la pena reiterar que, en este sistema, la ley principal es que *la tónica* conserve su capacidad de reposo; por lo tanto, los otros acordes tendrán funciones relacionadas a ella.

El primero que habló de funciones tonales en la historia fue Rameau (1683-1764). Su postura ha sido corroborada por los oídos de muchos grandes músicos a lo largo de la historia, contemporáneos incluidos.

Por eso, siempre que hablemos de acordes estamos hablando de *Funciones*, es decir, de la *Direccionalidad de los Acordes.*

Pensamos a cada acorde como una fuerza que se dirige a un lugar determinado, aunque después vaya o no.

Las Funciones son tres:

reposo

tensión

1/2 tensión

La Tonalidad es un sistema en el que se establece un delicado equilibrio (o no) entre fuerzas centrípetas (tira para adentro) y centrífugas (para afuera), porque todo lo que ocurra está en mayor o menor grado de coherencia con la "LEY SINE QUA NON".

- Las fuerzas centrípetas (hacia adentro) tienden a afirmar la capacidad de reposo de la Tónica.
- Las centrífugas (hacia afuera) tienden al establecimiento de otro Centro Tonal.

Por eso son tan importantes la claridad en la direccionalidad de los acordes (funciones) y la conducción de las voces con respecto al propio equilibrio y a la coherencia de la textura.

Hay básicamente dos tipos de sensibilización o atracción de un acorde con respecto a otro: la Gravitatoria (ej.: Cadena de Dominantes) y la Direccional (ej.: 5ta Aumentada). (Se explica y ejercita más adelante).

4.1 Grados con respecto a la Tónica

Sistema de Eje

Arnold Schönberg (1874-1951), también hablando de Funciones Tonales, dijo que si tomamos el sistema tonal como un sistema de eje alrededor de la Tónica, hay solamente tres distancias posibles.

Tres intervalos posibles de las notas de la escala con respecto a la tónica.

Estas distancias son: de quinta superior o inferior, de tercera superior o inferior, o de segunda superior o inferior.

Así es como:

- La quinta superior se llama Dominante, la quinta inferior SubDominante.
- La tercera superior se llama Mediante, la tercera inferior se llama SubMediante (es la que algunos conocen como superdominante, sexto grado VI).
- La segunda superior se llama supertónica (justamente por eso, porque está encima de la tónica) y la segunda inferior se llama: Sensible en el caso de que vaya por SemiTono y juegue a ser el "Chin" de la Tónica ("Pum"), o la llamamos Subtónica si es que está a distancia de un Tono de la Tónica y, por lo tanto, funciona con respecto a otros acordes.

Nombres de los grados:

1. El primero	I	Tónica
2. El segundo	II	Super-tónica
3. El tercero	III	Mediante
4. El cuarto	IV	SubDominante
5. El quinto	V	Dominante
6. El sexto	VI	Sub-mediante (mucha gente aún lo llama SuperDominante)
7. El séptimo	VII	Sub-tónica o sensible

Nota: los grados se nombran siempre en masculino, los intervalos en femenino. Si decimos una segunda (2ª), sabemos que es la distancia entre dos notas. Si decimos el segundo (II) sabemos que es un acorde.

Sistema de Eje en torno a la Tónica

Pista **8**

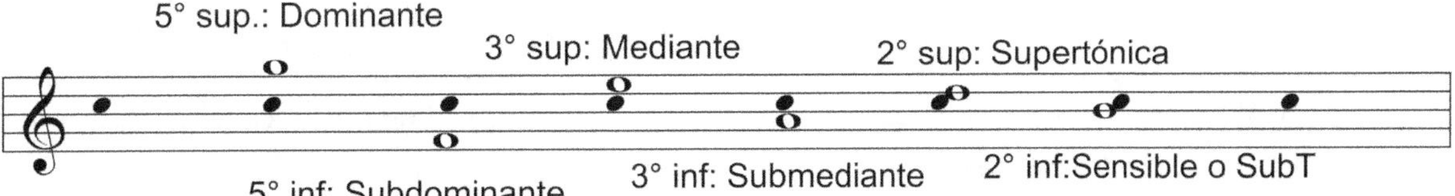

Volviendo a las Funciones, cada una de las tres funciones tiene un grado que es el "Titular":

- ***reposo,*** que está representada por la tónica I
- ***media tensión,*** que está representada por el cuarto grado IV
- ***tensión,*** que es el quinto grado V

Si estos tres son los acordes de las funciones básicas, ¿a qué juegan los otros grados?

4.2 Reemplazos: Sonidos comunes

Los otros grados juegan a reemplazar eventualmente a los tres principales:

- **La tónica I** puede ser reemplazada por el sexto o el tercero. **VI - III.**
- **La subdominante IV** puede ser reemplazada por el segundo o eventualmente también el sexto. **II - VI.**
- **La dominante V** puede ser reemplazada por el séptimo y dependiendo del contexto, también por el tercero. **VII - III.**

Estos reemplazos son posibles por las notas comunes que hay entre los acordes de cada grupo. En el caso del tercer grado III o del sexto VI, la situación es de cierta ambigüedad, porque ambos pueden reemplazar acordes de funciones distintas. Esto sucede porque tienen dos sonidos en común los acordes que pueden reemplazar.

No por esto los vamos a excluir, ni hay que manejarlos con miedo: solamente se trata de acordes que hay que entender cuándo o cómo usarlos. Hay ejemplos magistrales de esto, tanto en música popular como académica. Y de todos modos ya sabemos: ¡no hay nada mejor que investigar y probar para ir formando criterio!

No olvides

Lo que muchas veces aparece como una complicación es, en el fondo, una riqueza.

4.3 Cuadro de funciones y sonidos comunes

Pista 9

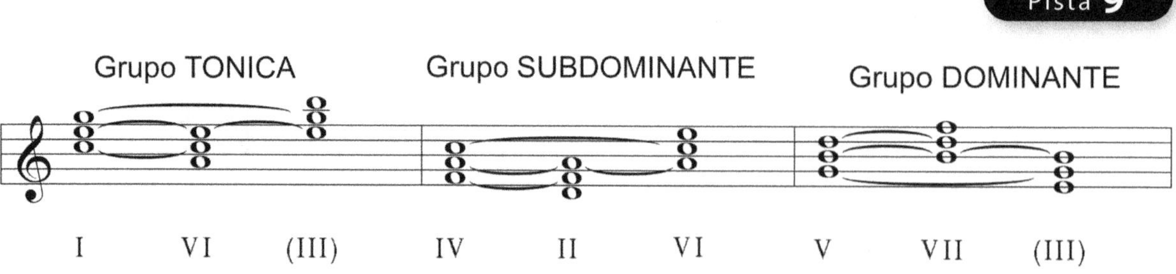

Aquí haremos nuestra primera ejercitación, ya tenemos lo que nos hace falta para poder comenzar con las Técnicas.

Parte II

Estructuras básicas

La aplicación de las funciones tonales determina, de alguna manera, los roles de los acordes en la estructura narrativa.

Aunque a primera vista se pueda pensar que algo básico es simple o de nivel inferior, elijo la palabra pensando en ofrecer una buena base para que cuando llegue el momento de construir en lo alto no haya problemas.[1]

En la base están los acordes generadores de la tonalidad y sus reemplazos por sonidos comunes.

1 Recomiendo que aunque ya se conozcan estos contenidos, se transiten. Para quien ya lo sabe, servirá de repaso. Además se puede aprovechar para revisar si verdaderamente se escucha la tensión que acumula el V para descargar sobre el I. Además podrás ver cómo la melodía que inventes conduce de modo tal que los acordes van y vienen mientras se "dice" algo...

5. Metodología para la elaboración de melodías

1. Cantar hasta memorizar la primera frase rítmica. Es conveniente llegar a cantar la rítmica de memoria y bastante rápidamente para entender bien las inflexiones rítmicas.
2. Tocar a tiempo moderado (ni muy rápido ni lento) los acordes y cantar nuestra secuencia rítmica encima.

- Repetir la operación todas las veces que sea necesario, hasta el punto de poder hacer las dos cosas a la vez sin perderse y oyendo los acordes que estamos produciendo.

3. Improvisar (preferiblemente cantando o si es absolutamente inevitable, tocando), una línea melódica mientras continuás haciendo sonar los acordes (o al menos sus fundamentales) de la 1ª frase, respetando la figuración rítmica aprendida.

- En este punto, también es muy pero muy importante repetir varias veces la improvisación. En un momento sentirás que estás repitiendo siempre la misma melodía. Bien.

4. Cuando esto ocurre, decimos que se "asentó", por lo tanto ya puede ser escrita.
5. Una vez hecho esto, repetir **toda la metodología** pero con la 2ª frase.

Algunas aclaraciones prácticas

La Metodología es muy sencilla, pero si no se hace bien el paso a paso, puede fallar. Algunos tips:

- Tené cuidado con el canto de la secuencia rítmica, debe ser totalmente neutra con respecto a las alturas. Muchas veces, sin querer, uno canta con la afinación de la nota superior de cada acorde y, de este modo, condiciona la improvisación que hará.
- Como ya dijimos, es muy importante improvisar cantando, y como último recurso, improvisar con tu instrumento. Lo que se pone en juego en ambos casos es distinto, y el producto también. Aunque al principio te cueste un poco, cantá, por favor.

- Cabe aclarar que como debajo de las secuencias melódicas sólo figura el cifrado de acordes por grado y no por nombre, debemos previamente elegir en qué tonalidad Mayor o menor haremos cada secuencia.
- Es una gran ayuda práctica escribir el cifrado (nombre de los acordes) que corresponden a cada compás.
- Para facilitar las cosas, las secuencias de acordes están disponibles en las Pistas, aunque lo ideal es poder tocar vos los acordes.
- Poder cantar la secuencia rítmica mientras tocás los acordes te abrirá la posibilidad de oír varias cosas a la vez.
- Habrá quien quiera grabar la secuencia armónica para poder improvisar la melodía con libertad, es una buena opción para los que no manejan con soltura el instrumento.

¡Al trabajo!

Trabajo Práctico N° 1

A las secuencias rítmicas que siguen (2 semifrases de 4 compases c/u), se les adjudicó un acorde a cada compás, alternando las funciones.

Aviso: por ahora, no usamos el pentagrama de abajo, queda reservado para cuando hagamos la segunda melodía (contrapunto).

TP 1. Ejercicio 01[1]

Pista **10** en Do Mayor

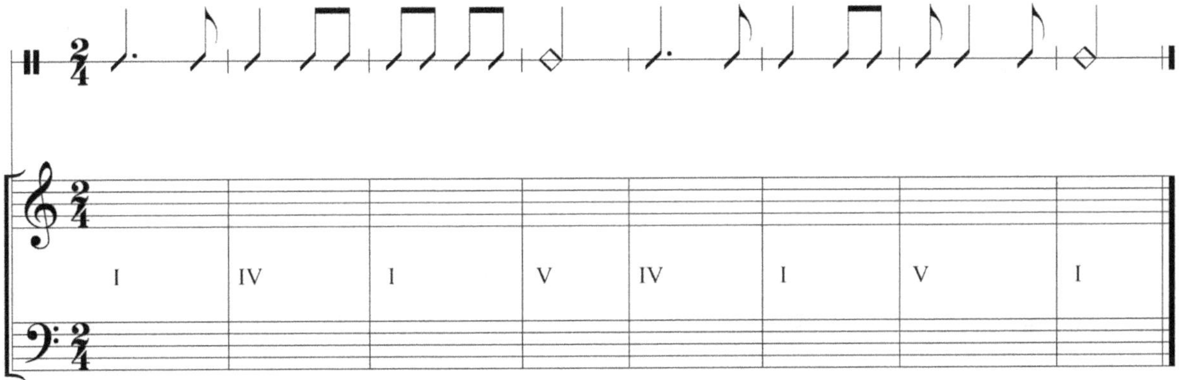

1 Las Pistas están para ayudar a quienes tengan alguna duda en el manejo de un instrumento armónico. Claramente lo ideal es tocar tus acordes, la experiencia es más completa.

TP 1. Ejercicio 02
Pista 11 en La Menor
Im
V
Im
IVm
5
5
Im
IVm
V
Im
TP 1. Ejercicio 03
Pista 12
I
IV
V
IV
I
IV
V
I

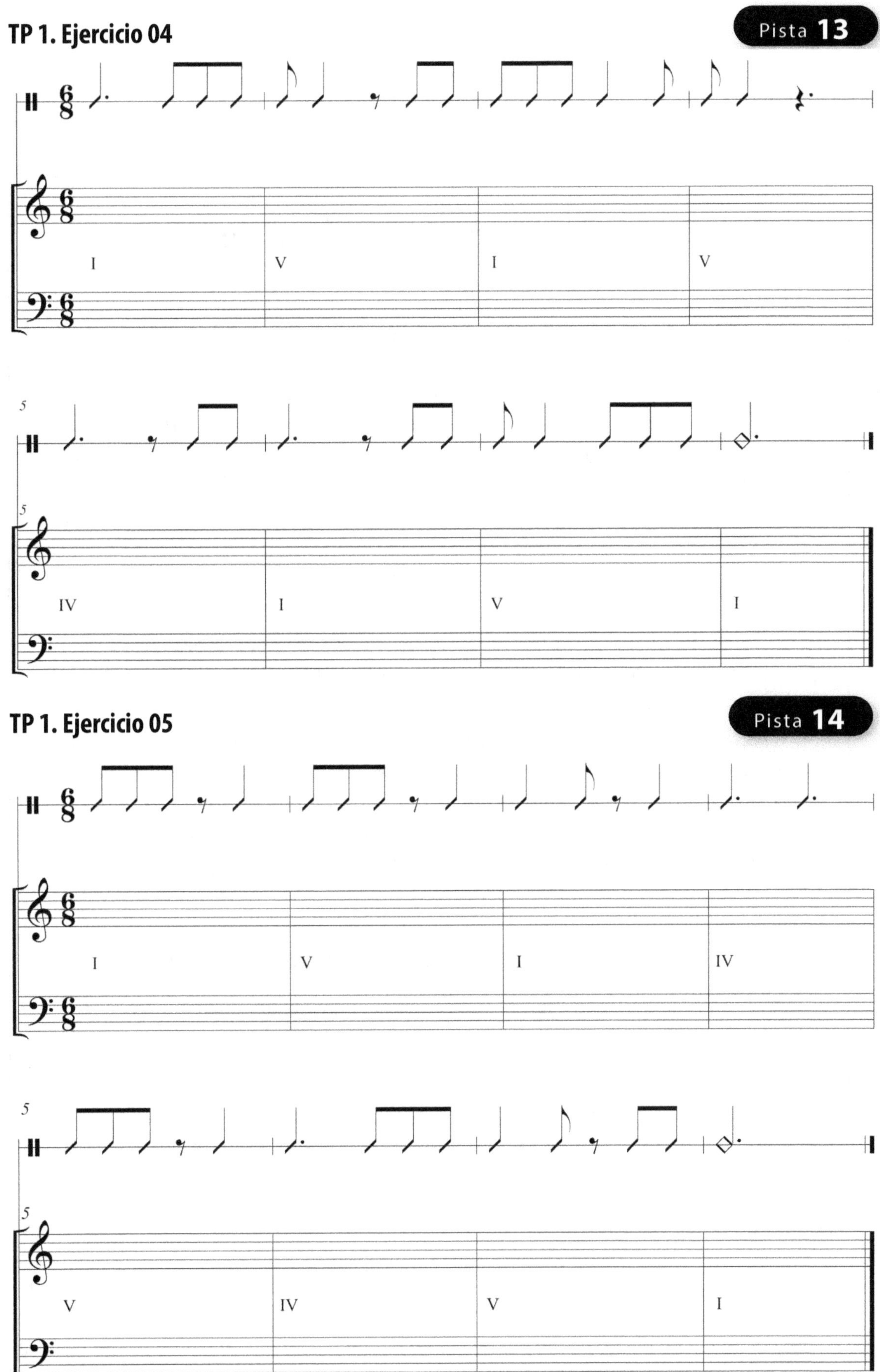
TP 1. Ejercicio 04
Pista 13
I
V
I
V
5
IV
I
V
I
TP 1. Ejercicio 05
Pista 14
I
V
I
IV
5
V
IV
V
I

Leer lo que sigue sólo si hay desánimo

Sin comentarios

Es normal que las primeras melodías parezcan "pobres", es decir, hechas con pocas notas. Si bien esto es totalmente natural y no dice nada de la propia capacidad, muchos pueden pensar que no sirven para esto o que no le encuentran la vuelta.

Todo lo contrario

Estas melodías simples nos servirán muchísimo a la hora de hacer reemplazos de acordes. Si fuesen complejas no podríamos enriquecerlas luego, cambiándoles los acordes de base.

Pero lo que más importa es tener presente el simple hecho de que estás comenzando a hacer algo que no sabías hacer. Esto prácticamente invalida tu capacidad de juzgar si te sale bien o mal. El bebé intenta caminar hasta que lo logra. Intenta y no se juzga. Cuando por fin camina, no se compara con nadie. Pone toda la energía en seguir haciéndolo y ¡cómo festeja sus primeros pasos!

Trabajá duro, esforzáte por practicar mucho y producir mucho.

Con el tiempo podrás distinguir las ideas valiosas de las otras, en vos y en otros.

Por ahora, con respecto a tu propia producción,
por favor, ***no opines.***

6. Economía de recursos

Consejos útiles para la conducción de la melodía (Para leer ahora y, sobre todo, releer más adelante).

Esta Técnica está orientada a ayudarte a agudizar tu percepción e integrar conocimientos, destrezas y conceptos.

En el caso de la conducción de las voces, sería tal vez más sencillo enumerar la larga cantidad de reglas que rigen la conducción de las voces y proponer su memorización. De este modo, posiblemente cualquier persona disciplinada y meticulosa lograría un manejo aceptable de las mismas... en el papel.

Pero apuntamos a otra cosa.[1]

Con respecto a tus melodías, tratá de que sean sencillas, fluidas, orgánicas.

Un modo de comprobar si tus melodías están bien construidas es observar la facilidad que tengas para memorizarlas.

Si una melodía es buena, por lo general se la retiene fácilmente.

Un gran Maestro de composición del siglo XX decía en sus clases:

Fluidez	=	**Coherencia**
Coherencia	=	**Fluidez**

---

1 Nota quasi una Fantasía: "de como nacen las Reglas" o "el juego del teléfono roto". Juego a imaginar que hubo un momento en la historia en el que la gente escribía música sin aprenderla de un manual. Luego la enseñanza se institucionalizó y se comenzó a educar tomando como base lo que hicieron los maestros del pasado. Fantástico. Supongo que aquellos primeros profesores dirían: "Generalmente Juan Sebastián Bach hacía así…". Alguna generaciones más tardes dirían: "Siempre se hizo así…". Para terminar proclamando: "Se hace así, lo otro está prohibido". Conviene hacernos una pregunta: Si hoy Bach viese cómo estudiamos armonía, ¿se reconocería? A menudo estas reglas son tan estrictas que no logramos encorsetar en ellas ni a uno solo de los cientos de corales de Bach. Por eso insisto en que la alternativa es hacer el camino a partir de la propia percepción con el acompañamiento del docente, para tratar de entender desde uno mismo las articulaciones de los recursos expresivos. Naturalmente este camino tiene sus riesgos. Tanto para el que aprende, porque se compromete activamente, como para el que enseña, porque deberá tratar al alumno como a una persona viva, sorprendente e impredecible en sus criterios. Pero el que no arriesga...

No trates de innovar yendo a contrapelo de lo que la rítmica o la armonía mandan. Tu originalidad consiste en cosas muy profundas de las que, por ahora -y tal vez siempre-, uno no tiene clara conciencia. Con el tiempo y la práctica, las melodías que inventes serán siempre más "personales" independientemente de tu voluntad.

Si tus melodías son fluidas, estarán en consonancia con el resto de los elementos del trabajo. Cada ejercicio, una vez concluido, debe parecer un engranaje aceitado.

Economizar recursos es no romperle los dientes a ninguno de esos engranajes.

La Unidad de tus trabajos estará en relación directa a su **Fluidez** y su **Coherencia**.

Trabajo Práctico N° 1 bis

Para poner en notas lo antedicho y completar tu conocimiento, transcribo ahora dos melodías.

Su misión (si desea aceptarla) es armonizarla con los acordes que ya ha estado manejando. **(I IV V)**

Pequeño Método para Armonizar Melodías

Se armoniza buscando donde están y cuáles son las funciones estructurales de la armonía (tal como un aprendiz de arquitectura, viendo una casa, debe ver donde están las vigas)

Conocer la melodía y hacerla viva

Tocar y cantar la melodía hasta saberla bien, y llegar naturalmente al ***tempo*** en el que la melodía florece, queda linda.

La mayoría de las melodías tienen una franja de velocidades en las que andan bien, fuera de esa franja se escuchan medio crispadas y eléctricas o medio desganadas, aburridas.

El tempo y la fluidez son elementales para entender la frecuencia de aparición de los acordes, es decir el ritmo armónico.

Armonía base

Siempre armonizamos con los acordes básicos (I, IV, V).

Como los encontramos respecto a la melodía? Probando.

Te sugiero que no cambies el acorde elegido hasta que la melodía no te lo pida claramente. Muchas veces uno escucha que entra un nuevo acorde, pero es el mismo que se repite, solo que hay que volver a tocarlo.

El camino

Este es un proceso de aprendizaje, de construcción de criterio. Probablemente hoy hacés un trabajo y mañana te parece que hay cosas para corregir, y posiblemente sea así. El criterio crece con la práctica, y con uno mismo, claro está.

Más adelante retomamos este método para aprender a armonizar y reemplazar acordes.

Ahora sí:

TP 1b. Melodía 01. Haydn (Sinfonía 104, Allegro) — Pista 15

Los acordes a utilizar son ReM, LaM, y SolM. (D, A, G)

TP 1b. Melodía 02. Schubert (Lied) — Pista 16

Usarás Dom, Fam, y SolM. (Cm, Fm, G)

Trabajo Práctico N° 2

Elaboración de secuencias melódicas en base a armonías y rítmicas dadas (si te parece, y por las dudas, repasá la Metodología, pág. 30).

Podés hacer los ejercicios en cualquier tonalidad Mayor o menor, aún si las Pistas guía están en Do o Lam.

TP 2. Ejercicio 01

Pista **17** en Do Mayor

TP 2. Ejercicio 02

Pista **18** en La menor

TP 2. Ejercicio 03

Pista **19** en Do Mayor

TP 2. Ejercicio 04

Pista **20** en La menor

TP 2. Ejercicio 05

Pista **21** en Do Mayor

TP 2. Ejercicio 06

Pista **22** en La menor

7. Melodía Base
(Melodía esencial. Ur Melodie)

Atentti allievi!!
Questo tema é molto importante per la vostra formazione!!

En todas las melodías, existe la Melodía Base.

Melodía Base: es la esencia de la melodía que uno oye. Su hilo conductor. Su síntesis.

Porque cada nota de la Melodía Base está íntimamente ligada a la función armónica que la sustenta.

Eso es porque la melodía pasa por una nota -o más- del acorde que la sostiene. De hecho, la Melodía Base en la mayoría de los casos, es la nota del acorde que más aparece y/o la que más dura en la melodía.

Así, a medida que la melodía avanza en el tiempo, contiene al menos una nota que la une con el acorde que está debajo.

A su vez, extractando la Ur Melodie, quedan al descubierto todas las Notas de Paso (NP), Bordaduras (B), Apoyaturas (Ap), Retardos (R) y Anticipaciones (An) que tiene la melodía. Se evidencian los "rellenos" que hay entre sonido y sonido de la Ur.

¡No te desanimes!

Lleva un tiempo adecuar y sensibilizar nuestra percepción para captar la Ur Melodie.

También hay que tener en cuenta que, como la música no es una ciencia exacta, posiblemente en algún caso tengas que optar entre dos alternativas. Decidí por la que más te guste y dale para adelante. Cuanto más, volvés atrás y corregís.

Dejate llevar por tu oído y por tu instinto, más que por tus pensamientos y especulaciones intelectuales.

A modo de guía, transcribo las melodías de Haydn y Schubert con su Melodía Base ya extractada.

Ejemplo de Ur Melodie (sobre TP 1b, Melodía 01. Haydn)

Pista **23** en Re Mayor

Ejemplo de Ur Melodie (sobre TP 1b, Melodía 02. Schubert)

Pista **24** en Do menor

8. Bajos y texturas de acompañamiento. Contramelodía

Aquí estás comenzando tu aprendizaje de Contrapunto en el sentido más amplio, pero también concreto. Antes de aprender a hacer una contra melodía, vamos a trabajar la línea de bajo y textura de acompañamiento.

Para facilitar la comprensión de cada tema, los vamos a desarrollar uno por uno.

8.1 Bajos con Texturas de Acompañamiento

Vamos a trabajar con las melodías ya hechas en los TP 1 y 2.

Para simplificar el comienzo del ejercicio vamos a mantener la melodía en un pentagrama y los bajos y las texturas de acompañamiento en otro.

Para establecer la línea de bajos y texturas de acompañamientos te propongo tres caminos posibles:

1. Partiendo de las fundamentales
2. Generando Textura de Acompañamiento
3. Partiendo de armar la segunda Melodía Base.

8.1.1 Partiendo de las fundamentales

Colocamos las fundamentales en los bajos. Es posible que todo suene bien, pero tal vez en algún momento no... Es muy posible que el modo en el que se combinan los movimientos de la melodía con el bajo provoque en tu percepción ciertas sensaciones de aspereza.

Para esos casos, podemos probar colocando en el bajo a la tercera del acorde.[1]

---

1 Por ahora te ofrezco una solución "de emergencia", pero que funciona. Más adelante, en la última etapa de este libro, vamos a trabajar enfocándonos en la conducción de voces para que comprendas y puedas desarrollar tu criterio.

Ejercicio Elaboración de Bajos

El ejercicio para este planteo consiste en tocar las fundamentales de cada acorde mientras se canta la melodía original, buscando alternativas en la inversión del acorde cuando notes que falta elegancia, o cuando suene "soso".[2]

Una consideración

La música no es una ciencia exacta. Más allá de nuestro conocido método de prueba - error, es posible que algo que hoy no te convence, mañana si, porque cuando comienzan las dudas y son muchas, a veces conviene tomar un poco de distancia y retomar el trabajo luego. Además estás en proceso de aprendizaje, por lo tanto todos los trabajos están en progreso-proceso.

8.1.2 Generación de Textura de Acompañamiento

Para generar la textura, pensamos tres (o más) ritmos posibles de acompañamiento, que podemos tomar del campo popular o del académico. En el campo popular suelen llamarse Grooves o ritmos base.

¿Cómo enlazamos los acordes? Igual que los grandes maestros: por la ley del camino más corto. En las posiciones habituales de acordes de los instrumentos armónicos está el secreto, ¡porque la comodidad física de la posición tiene mucho que ver!

Ritmos de acompañamientos:

Por ejemplo, si tu melodía está en el compás de tres cuartos podrás jugar con acompañamientos en ritmos ternarios de tu música popular. Te ofrezco algunos ejemplos cercanos a nuestra cultura: vals, zamba, guarania, chamamé, ranchera, chacarera, gato, etc.

Lo importante de buscar bases rítmicas en la música popular tiene un doble objetivo: que te resulte familiar y que la textura tenga vida propia.

Muchas veces a este aspecto no se le presta la debida atención.

De hecho, la vitalidad de una melodía muchas veces depende más del trabajo de los que acompañan que de la propia melodía.

---

2 De esta manera, la experiencia indica que es muy posible que la línea de Bajos, va a estar integrada en un porcentaje mayor por fundamentales; en segundo lugar por terceras de los acordes; y en menor proporción por quintas. (o tal vez no haya ni una sola 5ta en todo el trayecto) Porque? Estadística. Los estados fundamentales dan mayor sensación de estabilidad en el bajo, en segundo término las terceras (primera inversión) y las quintas en el bajo suelen dar mucha sensación de inestabilidad.

Voy a dar ahora algunos ejemplos de textura en tres cuartos.

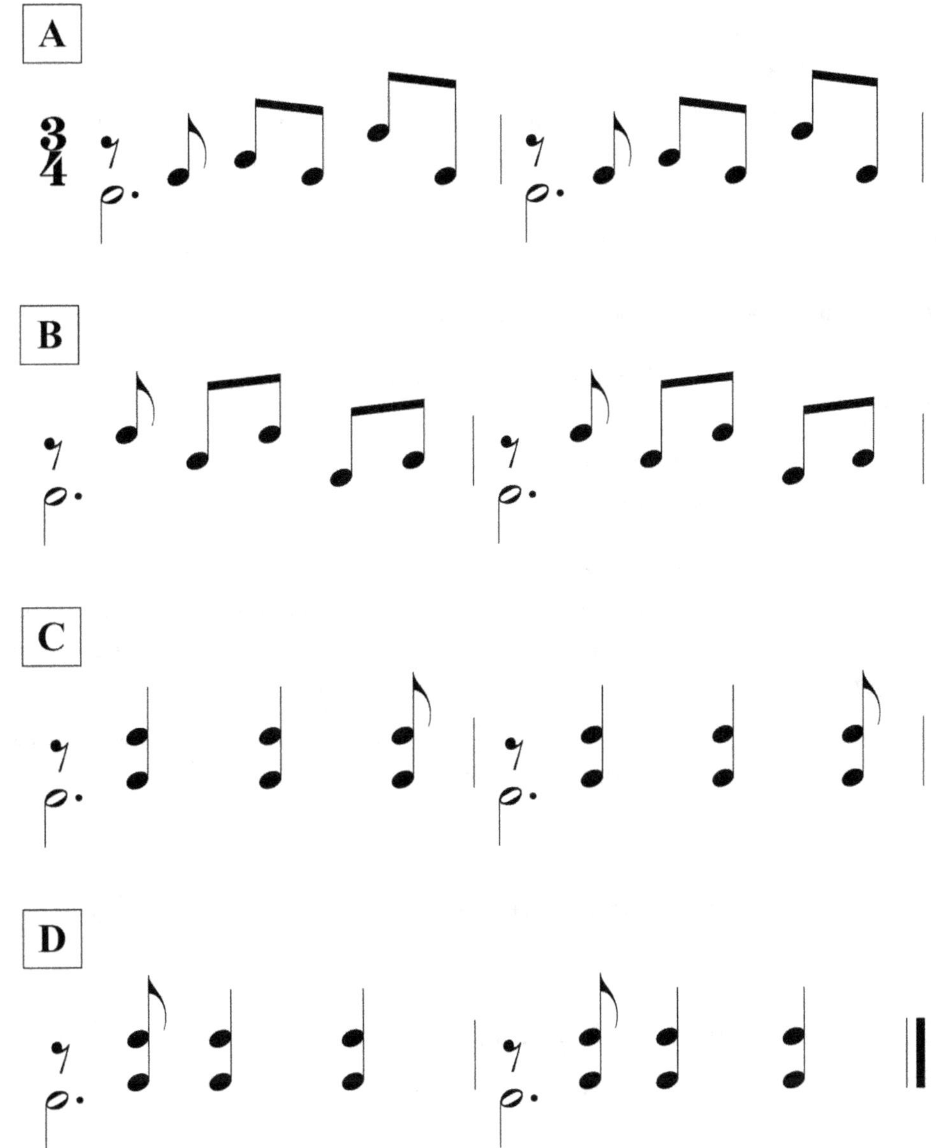

Ejercicio Elaboración de Texturas

Dadas melodías de tus primeros ejercicios (o melodías ajenas también, que para trabajar y aprender todo sirve) vas a elaborar al menos dos texturas de acompañamiento por melodía.

8.1.3 Partiendo de armar la segunda Melodía Base

Así como la primera Melodía Base está sacada o atravesada por una nota de la armonía, la segunda melodía (o contra melodía) va a tener una Melodía Base que pasará por notas del acorde distintas a la primera.

Entre las dos melodías bases (la original y la que estás creando) tienen que dejar clara cuál es la función del acorde, o mejor aún, cuál es el acorde que las sustenta.

Por lo tanto se trata de elegir acorde por acorde cuál es la nota que va a complementar a la melodía para que se entienda la armonía.

Método para armar la segunda Melodía Base (Ur Melodie):

Para que establecer cuál es la segunda Melodía Base hay que proceder con prolijidad y tranquilidad.

En el contrapunto tonal lo más importante es que las melodías que se superponen hagan presentes las funciones armónicas.

1. A partir de la melodía original, (de la que ya sabes la Melodía Base), vas probando armar otra voz con una de las dos notas libres que te quedan del acorde, de a una por vez. De esta manera te vas a dar cuenta que hay una que queda mejor que la otra para representar junto con la melodía, al acorde.
2. Cuando hayas elegido la nota del primer acorde, busca la del segundo y luego cantá y tocá ambos para ver como va quedando.

Ejercicio: Elaboración de Segunda Melodía Base

Tomando algunas de tus melodías de los TP 1 y 2 vas a elaborar la segunda Ur Melodie o Melodía Base.

8.2 Contramelodía

Contrapunto: segundo paso

Bien, una vez cumplida la etapa anterior, y para capitalizar lo aprendido, vamos a elaborar una segunda voz, preferentemente en Clave de FA para no encimar registros.

Esta nueva melodía que será interdependiente de la primera, tendrá una figuración mucho más sencilla y pasará por aquellas notas del acorde que dejó libres la Ur Melodie.

Repito ex profeso los primeros puntos del método para armar la segunda Melodía Base.

Metodología para la elaboración de la Segunda Melodía

1. A partir de la melodía original, (de la que ya sabes la Melodía Base), vas probando armar otra voz con una de las dos notas libres que te quedan del acorde, de a una por vez. De esta manera te vas a dar cuenta que hay una que queda mejor que la otra para representar junto con la melodía, al acorde. En definitiva, por cada acorde vas a tenes un bicordio formado por la simultaneidad de las ur melodies.
2. Cuando hayas elegido la nota del primer acorde, busca la del segundo y luego cantá y tocá ambos para ver como va quedando.
3. Una vez que se haya construido la segunda Melodía Base vamos a inventar una rítmica que tenga gestos, módulos rítmicos similares a los de la primera.
4. Teniendo ya la segunda Melodía Base hecha y la rítmica vas a medio improvisar una melodía que tenga esa rítmica y que pase por las notas de la segunda Melodía Base.

Si la segunda Melodía Base está bien hecha, debiera poder ser cantada invirtiendo los roles y las tesituras con la primera. Esa es la prueba que confirma que el contrapunto es bueno. Lo pongo varias veces para que lo leas varias veces:

En el contrapunto tonal lo más importante es que las melodías que se superponen hagan presentes las funciones armónicas.

Nota: Los métodos que te doy son para comenzar, en la medida que los pongas en práctica los vas a ir adecuando a tu modo.

Las personas que tienen encargos de arreglos, y que tienen inserción social laboral, (es decir aquellas que venden sus arreglos y sus temas) usan métodos de trabajo absolutamente prácticos. Cada cual ha aprendido y además ha desarrollado su propio modo.

Todo esto que estamos aprendiendo es para colaborar a construir tus propios criterios. Trabajá con tranquilidad, sin prisa y sin pausa.

Ejercicio de Elaboración de Contramelodía = Segunda Melodía

Es la continuación del ejercicio anterior. Usando una de tus primeras melodías, a la que ya le buscaste una segunda melodía base, vas a elaborar con esa segunda melodía base, una melodía con ritmo original y todo. Las instrucciones están más arriba.

9. Reemplazos de Acordes

Si los ejercicios del tema anterior te parecieron arduos, ahora llega un momento para jugar a algo no tan exigente. Reemplazar acordes básicos por sus socios de sonidos comunes es darnos la posibilidad de aprender a jugar con colores.

Igualmente y por las dudas, quizás sea necesario releer el cuadro de los sonidos comunes antes y durante el trabajo (pág. 28), porque vamos a trabajar en base a ese esquema.

Trabajo Práctico N° 3a

La ejercitación que sigue se hará usando como base los cifrados de nuestro primer ejercicio.Vamos a rearmonizar las melodías ya hechas en los TP 1 y 2 según nuestro cuadro de sonidos comunes.

- Tal vez donde había **V-I** (G - C o E - Am) se puede hacer **V-VI** (G - Am o E - F);
- tal vez donde se oía **IV-V-I** (F - G - C o Dm - E - Am), se puede reemplazar por **II-V-I** (Dm - G - C o Bdim - E - Am);
- o, por ejemplo, si teníamos dos I seguidos podemos poner **I-VI** o **I-III**;
- también quizá donde había **V-V** se puede colocar **III-V**.

Viendo cómo va la melodía y, si no queda mal, efectuá los reemplazos guiándote por tu oído.

Siempre hacelas primero con un instrumento armónico un par de veces, cantando la melodía y tocando los acordes.

Primero probá variantes, frase por frase, y después elegí.

Trabajo Práctico N° 3b

Con los elementos hasta aquí obtenidos, armonizarán – primero con las funciones básicas y luego jugando con reemplazos y alternativas armónicas las siguientes melodías.

TP 3b, Melodía 01. Schumann (Zum Schluss, Lieder)

Pista **25**

TP 3b, Melodía 02. Mascagni (Cavalleria Rusticana, Intermezzo)

Pista **26**

10. Cadencias

La música en tanto narración, está construida por frases más o menos extensas que a su vez se enlazan (articulan) entre sí.

Igual que en el lenguaje hablado y escrito, lo que articula la narración musical son los signos de puntuación: coma, punto y coma, dos puntos, punto y seguido, punto y aparte, signos de admiración signo de pregunta, paréntesis, puntos suspensivos, etc.

En la narración musical una de las herramientas más importantes para articular las ideas entre sí son las cadencias. La palabra "**cadencia**" quiere decir originalmente caer o detenerse. Nosotros la tomaremos como un gesto, toda vez que los signos de puntuación conllevan gestos en la entonación. Entonces:

> **Las cadencias son generadas por dos situaciones que se dan contemporáneamente: Por una parte la sucesión de funciones tonales y por otra parte la rítmica, que determina la gestualidad.**

Te voy a dar un ejemplo que ayudará a entender que la Cadencia es fundamentalmente determinada por el lugar de la pausa.

Nota

- Escuchar la Pista es bueno, ¡tocar el cifrado es mejor!
- No hacer ninguna de las dos cosas vuelve inútil la explicación: ¡no hay modo de explicar algo práctico si no se lleva a la práctica! Valga la redundancia si te sirve para entender bien.

Cadencias generadas por pausas

Dada una cadena de acordes:

	I	IV	I	V	VI	II	V	I
Pista 27	C	F	C	G	Am	Dm	G	C

Jugaremos con las pausas para proponer cadencias en distintos momentos de la secuencia. Si colocamos un calderón (pausa) luego de los primeros cuatro acordes, quedan dos frases:

	I	IV	I	V		VI	II	V	I
Pista 28	C	F	C	G		Am	Dm	G	C

Si colocamos la pausa en otro lado, generamos frases distintas, y otro sentido.

Jugamos a colocar dos pausas, por ejemplo

	I	IV	I		V	VI	II		V	I
Pista 29	C	F	C		G	Am	Dm		G	C

Resulta otra idea si movemos las pausas para que nos queden frases de 2+3+3 acordes.

	I	IV		I	V	VI		II	V	I
Pista 30	C	F		C	G	Am		Dm	G	C

Propongo hacer el mismo recorrido con los ejemplos anteriores pero en modo menor.

Pista 31	Am	Dm	Am	E	F	Bdim	E	Am		
Pista 32	Am	Dm	Am	E		F	Bdim	E	Am	
Pista 33	Am	Dm	Am		E	F	Bdim		E	Am
Pista 34	Am	Dm		Am	E	F		Bdim	E	Am

Como hemos podido comprobar lo que determina la cadencia, y por lo tanto, el signo de puntuación de la frase **es la pausa**.

Entonces, retomando la idea, si las cadencias son básicamente procesos en la música para finalizar una parte, o un período, o una obra, a continuación vamos a ver los gestos básicos de "puntuación" de las frases musicales.

Las situaciones básicas que pueden darse son las siguientes:

1. **Tensión** **Reposo** (termina claramente)
2. **Media Tensión** **Reposo** (termina blandamente)
3. **Tensión** **Media Tensión** (evita el final)
4. **Reposo** **Tensión** (pausa para seguir)
5. **Reposo** **Media Tensión** (pausa para seguir)
6. **Tensión** **Mayor Tensión** (evita el final y aumenta o renueva la tensión)

Vamos a hacer una enumeración más específica de cadencias, nombrándolas y con los acordes que las forman. Recomiendo especialmente tocar estas cadencias varias veces y en distintas tonalidades Mayores y menores.

No hice Pistas a propósito: ¡Tendrá que tocar usted!

10.1 Cadencia Auténtica

V - I, Tensión "Chin"- Reposo "Pum". La más simple y clara definición de la tonalidad.

G - C (en C, -DO Mayor) E - Am (en Am, La menor)

Tocando esta frase armónica está la cadencia, en negrita (Sugiero algunas inversiones, pero si se complica, tocá los acordes sin invertir. Habrá tiempo más adelante).

I	V^6_4	I_6	IV	**V**	**I**
C	G/D	C/E	F	**G**	**C**
Am	E/B	Am/C	Dm	E	Am

Pista 35 Cadencia Auténtica (Pista Mayor)

Pista 36 Cadencia Auténtica (Pista menor)

10.2 Cadencia Plagal

IV-I (1/2 Tensión - Reposo) Afloja, distiende, pero blandamente.

F - C (DO Mayor)   Dm - Am (La menor)

Para tocar:

I	V^6_4	I_6	**IV**	**I**
C	G/D	C/E	**F**	**C**
Am	E/B	Am/C	**Dm**	**Am**

Pista 37 Cadencia Plagal Mayor

Pista 38 Cadencia Plagal menor

10.3 Cadencia Evitada, llamada Desviada o también Deceptiva

(hay profesores y programas de estudio que la llaman "Cadencia Rota")

La Tensión del V descarga, pero desviándose a un acorde que contiene la tónica, suena a resolución parcial (En este caso la inversión del acorde importa, porque el paso de grado conjunto en el bajo es lo que marca el desvío).

V-VI, o **V-**$\mathbf{IV_6}$ (Tensión - 1/2 Reposo o 1/2 Tensión)

V-VI : G - Am, para C - DO Mayor / E - F, para Am - La menor

V-IV_6 : G - F/A, para C / E - Dm/F, para Am

Tu práctica:

I	V^6_4	I_6	**V**	**VI**		I^6_4	V_7	I
C	G/D	C/E	**G**	**A**		C/G	G7	C
Am	E/B	Am/C	**E**	**F**		Am/E	E7	Am

Pista 39 Cadencia Evitada (Pista Mayor)

Pista 40 Cadencia Evitada (Pista menor)

10.4 Semicadencia

I-V (Reposo - Tensión)

Por eso se llama semicadencia (semi = media), porque queda en suspenso.

C - G (para DO) / Am - E (para La m)

Es como frenar en una meseta que, en sí misma, es relativamente estable.[1]

Tocando se aclara:

I	V^6_4	I_6	IV	**I**	**IV**	**V_7**
C	G/D	C/E	F	**C**	**F**	**G7**
Am	E/B	Am/C	Dm	**Am**	**Dm**	**E7**

Pista 41 Semi Cadencia Pista Mayor

Pista 42 Semi Cadencia Pista menor

10.5. Semi Cadencia Plagal

I-IV (Reposo - Media Tensión)

Para tocar:

I	V	**I**	**IV**
C	G	**C**	**F**
Am	E	**Am**	**Dm**

Pista 43 Semi Cadencia Plagal (Pista Mayor)

Pista 44 Semi Cadencia Plagal (Pista menor)

1 En realidad podríamos haber llegado al V desde casi desde cualquier lugar, lo que importa es la detención en el V, que marca como una espera que sin embargo se va a resolver luego.

10.6. Cadencia Rota[2]

V-II$_7$ es cuando el V en lugar de ir al I, va a su propia Dominante.

G – D7 (para Do Mayor) / **E – B7** (para La menor)

Por eso la llamamos "Rota", porque no sólo no vuelca sobre la Tónica (reposo) sino que el nivel de Tensión aumenta. Se podría decir que es una "ContraCadencia".

Practicar especialmente, tocar hasta que se oiga bien que viene avanzando y pone reversa.

I	V^6_4	I_6	V	**IIe** $^6_5$		V	I
C	G/D	C/E	**G**	**D7/F#...**		G	C
Am	E/B	Am/C	**E**	**B7/D#...**		E	Am

Pista 45 Cadencia Rota Mayor

Pista 46 Cadencia Rota menor

Aclaración y sugerencia

Todos los ejemplos figuran en Do Mayor y La menor. Sugiero que transportes los ejemplos a otras tonalidades.

Entonces:

Si bien hay tipos básicos para lograr las Cadencias, esto no quiere decir que no haya otros, por eso es importante recordar que esencialmente uno reconoce en la música propia o ajena **los gestos**: termina, sigue, amaga, frena, ataca, pregunta, admira, suspende, etc.

Gestos de finalización o de instancias en la conducción del discurso, y los gestos se apoyan fundamentalmente en la rítmica.

Por otra parte quien crea música, siente algo que desea expresar, comunicar. Se vale de recursos para ser contundente, eficaz. La comunicación logra su objetivo cuando el otro me entiende, aunque traduzca a sus códigos.

Cuando decimos "me gusta tal música" lo que estamos diciendo es LO ENTIENDO.

2 Incluimos esta clasificación pese a que hay quienes llaman "Rota" a la cadencia que nosotros nombramos "Desviada", y esta cadencia "Rota" no figura sino como un proceso modulatorio. Pero hay muchas obras que contienen este giro en su transcurso sin obligarse a modular. No te lo vas a perder porque no figure en algunos lados...

Para ampliar la experiencia

Si lo importante son los gestos, sabemos que los músicos compositores se toman una gran libertad: muchas veces las cadencias no siempre aparecen como nosotros las aprendemos en los modelos.

Por eso te propongo que con la curiosidad como herramienta y tu percepción atenta, investigues.

¿Cómo? Ya hemos visto reemplazos: podemos comenzar la investigación reemplazando acordes en las cadencias.

Otra punta muy interesante y nutritiva es escuchar y sacar de oído las frases armónicas, y de esa manera reconocerlas y clasificarlas.

Toda la música estrófica tiene una cadencia en cada final de verso o estrofa.

En el cancionero popular tenemos miles de ejemplos.

Trabajo Práctico Nº 4

¡Buscando ejemplos de cadencias! (de 3 maneras distintas)

Elegir canciones u obras de 3 diferentes estilos, con la salvedad de que debe tratarse de canciones con estrofas.

4a. Ver la armonía de cada frase (usar la letra como guía puede servir) e identificar el gesto cadencial de cada una.

4b. Analizar nuestros trabajos anteriores (TP 1 y 2) e identificar qué cadencia hay en cada final de semifrase.

4c. Armar series de acordes (mínimo 8 acordes por serie) tratando de que haya dos semifrases con gestos cadenciales claros en la mitad y el final, luego, cambiar el lugar de la pausa que provocaba la cadencia, para obtener otros gestos cadenciales.

Ahora, como Anexo al tema Cadencias, veremos los procedimientos de uso frecuente.

Procedimientos de uso frecuente

Cadencia perfecta o de primera especie (perfecta porque contiene las tres funciones)

IV	V	I
F	G	C
Dm	E	Am

Una variante:

II	V	I
Dm	G	C
Bdim	E	Am

Cadencia compuesta de segunda especie

IV	I^6_4	V	I
F	C/G	G	C
Dm	Am/E	E	Am

Una variante posible:

II	I^6_4	V	I
Dm	C/G	G	C
Bdim	Am/E	E	Am

Otros procedimientos muy típicos, aunque no sean Cadenciales (o sí):

Cuarta y Sexta de repercusión

I	IV^6_4	I
C	F/C	C
Am	Dm/F	Am

Cuarta y Sexta de paso

I	V^6_4	I_6
C	G/D	C/E
Am	E/B	Am/C

Probá hacerlo también en sentido inverso: también funciona.

SemiCadencia Frigia

Preferentemente usadas en **modo menor**:

Una voz (en general el bajo), canta "LA-SOL-FA-MI". Normalmente se enseña la siguiente sucesión de acordes:

I	VII	IV_6	V
Am	G	Dm/F	E

Obviamente, esta secuencia se puede hacer de muchas formas. Si tocás un par de veces los acordes en tu instrumento vas a reconocer desde el tradicional comienzo del tango "La Cumparsita" hasta muchos pasajes de obras J. S. Bach, o de música española, etc.

Una variante muy común es la de colocar un IV Mayor en lugar del menor (este reemplazo es conocido como **Cadencia Dórica**).

Otra posibilidad es que los acordes sean:

I	III	IV (Mm)	V
Am	C	Dm ó M	E

Cadencia Picarda o de Picardía

Esta cadencia es pícara en cuanto hace un poco de trampa: en un contexto menor el acorde final es sorpresivamente Mayor.

Cadencia (Plagal) de Rimsky Korsakoff[3]

Se la llama "Plagal" por el movimiento del Bajo, que cae a la Tónica desde el Fa (si estamos en DO Mayor).

Lo más característico de esta Cadencia es la marcha de la voz superior que canta "Do - Re - Miiiii" con cada uno de los últimos tres acordes.

Se enseña que los acordes correspondientes son:

IV	VII^4_3	I
F	B7m(b5) /F	C

Todos estos procedimientos, como ya se dijo, producen sensaciones. Pero no siempre

3 La hemos incluido porque es muy conocida en nuestro medio, pero en realidad, autores que son referentes importantes como A. Schomberg no incluyen las tres últimas cadencias, y tampoco los procedimientos anteriores. Argumenta que "carecen de importancia estructural". Será que el Maestro confía en nuestra creatividad. Yo por mi parte, informo como las solemos llamar y como se suelen usar, dando por descontado que harás tu parte tocandolas y probando variantes.

están los acordes solitos para lograrlo: todos los elementos del discurso, matices, articulaciones, texturas de acompañamiento, adornos... constituyen un todo narrativo fluido y coherente.

Avancemos, Avancemos...

Trabajo Práctico Nº 5

Antes de continuar, es oportuno hacer una serie de trabajos libres aplicando los conocimientos adquiridos hasta aquí.

Esta vez te propongo que, además, partas de cero. Tendrás que construir libremente algunas melodías, utilizando las alternativas armónicas vistas hasta ahora.

Pequeño plan

a. **Idear dos frases rítmicas.** Momento, maestra, maestro: ¡no se apure! Haga algo sencillito nomás, y de ocho compases. Tiene toda la vida para complicar las cosas. No olvide que la primera y la segunda frase se llevarán mejor si son más o menos parecidas, en el sentido que la segunda tenga algo de la primera, a manera de auto referencia. Si la rítmica de comienzo de la primera vuelve a aparecer, ya dá una mayor sensación que hay algo en el discurso que se desarrolla.
b. Ya tenés la rítmica. Ahora hay que **colocar acordes, uno por compás.** (Es propicio elegir un procedimiento Cadencial para cada final de frase, y que las frases sean de apertura y de cierre). También es cierto que en el TP N°4 inciso C) hiciste frases armónicas: tal vez sea propicio comenzar este ejercicio partiendo desde ahí.
c. Ahora tenes un ejercicio similar a los que te dí en los TP N° 1 y 2. Entonces toca retomar la metodología para la elaboración de melodías: **crear la primer melodía**, -improvisando- frase por frase.
d. **Detectar Melodía Base.**
e. **Elaborar una contra Melodía Base** y luego a partir de ella, **crear una segunda melodía.** (no estará de más repasar las instrucciones para hacer estos pasos)

   Cabe la posibilidad de que al momento de crear la rítmica para la segunda melodía, le hagas hacer pausas en compases distintos de la primera, y de ese modo obtendrás que tu primer melodía va a cadenciar en el cuarto y octavo compás, y la segunda en el tercero, quinto y octavo, por ejemplo. El contrapunto, con gestualidades diversas en las voces, ¡se enriquece muchísimo!

TP 5. Ejercicio 01

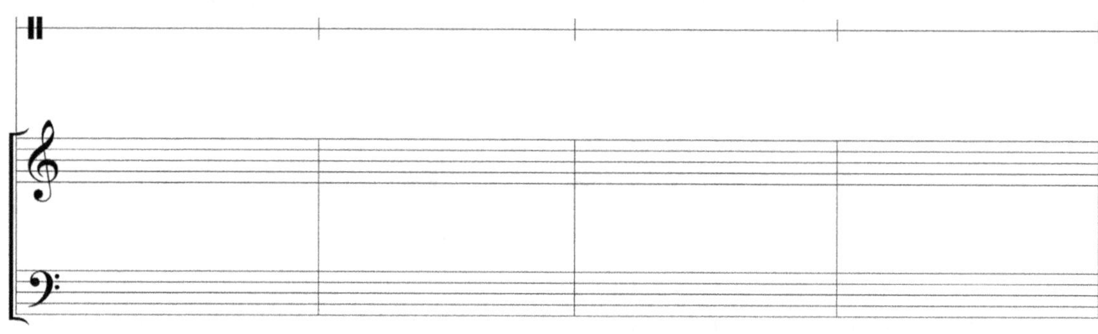

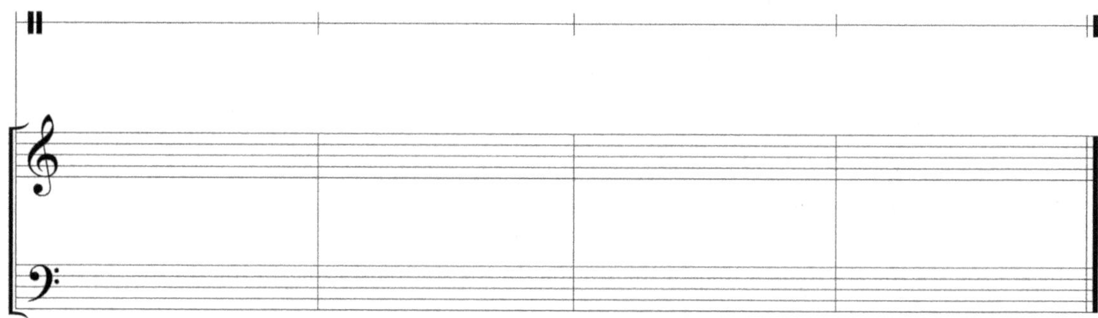

TP 5. Ejercicio 02

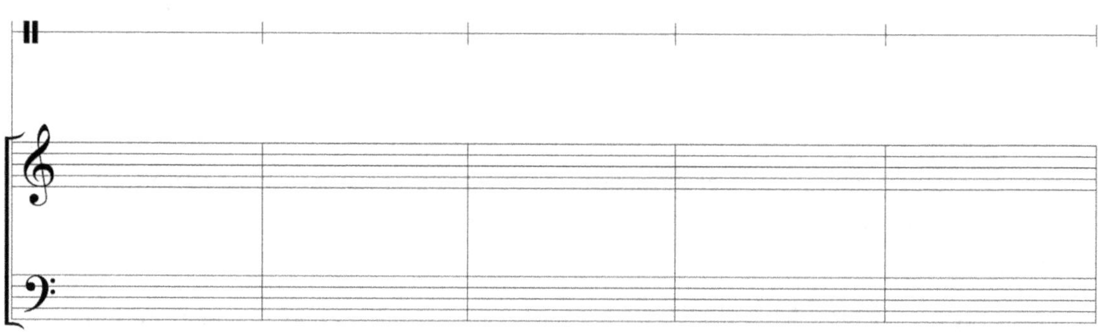

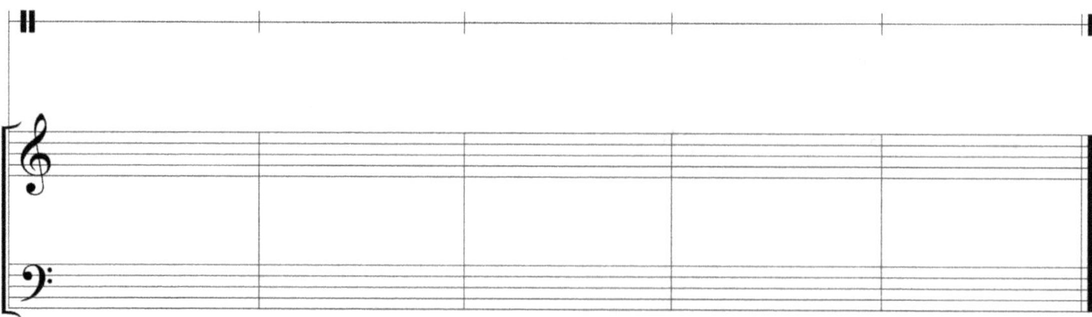

TP 5. Ejercicio 03

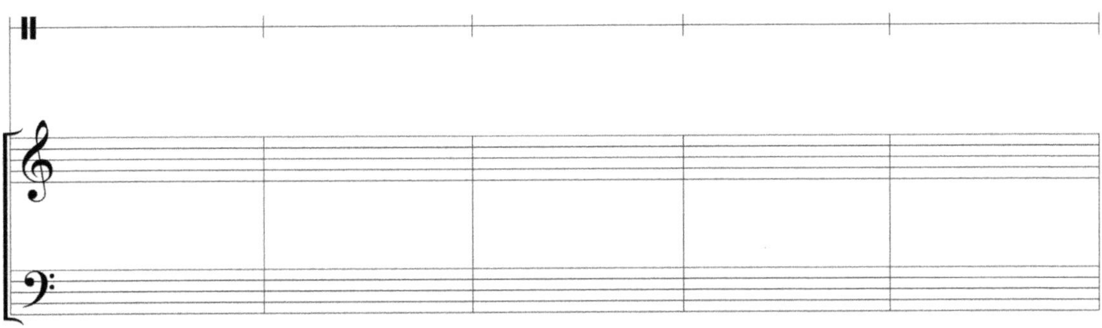

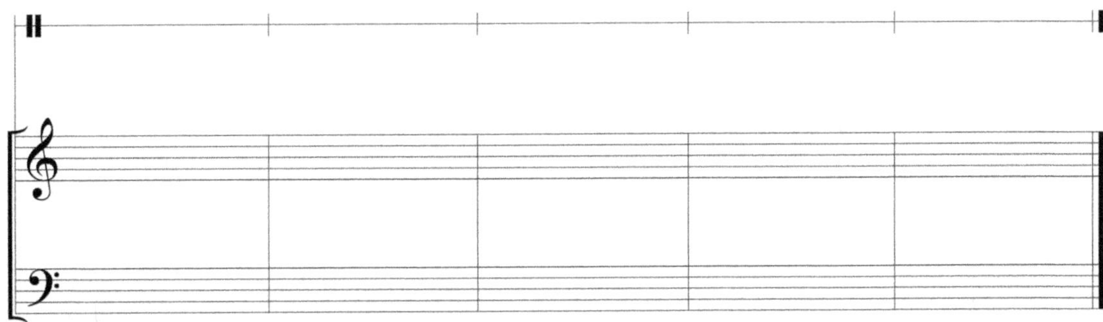

TP 5. Ejercicio 04

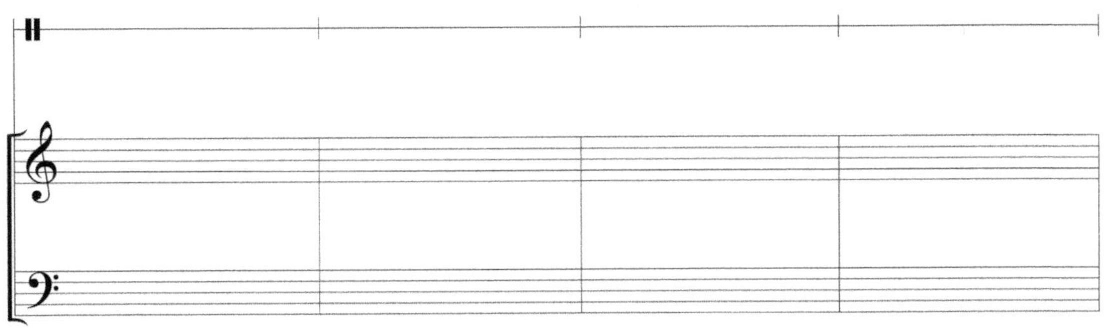

Parte III

Estructuras complejas y dinámicas

Si bien las estructuras básicas en cierto modo son dinámicas porque es la creatividad de quién las dispone lo que hace a su dinamismo, hay estructuras complejas de por sí que tienen componentes dinámicos en su aplicación: son las secuencias o progresiones.

Se puede pensar como un juego de intercambio de roles.

Si el juego se define por la atracción entre Dominante y Tónica, todos podemos jugar esos roles en algún momento.

Esas instancias generan dinámicas narrativas, que a su vez pueden servir de modelo para aprender a elaborar secuencias.

11. Acordes de Séptima (Acordes de cuatro sonidos o cuatríadas)

Los acordes de séptima, hoy en día nos suenan como posibilidades de embellecimiento o "color" para un acorde.

Para poder hacer bien el camino, trataremos de ampliar nuestra percepción, y también porque no, reeducarla.

¿Reeducarla? Y, si, en el sentido de llegar a oír estos acordes como cuando se empezaron a usar funcionalmente en el sistema tonal.

En el "Cuadro de los sonidos comunes" (pág. 28) y cuando mencionamos las Funciones Básicas, vimos que cada grado (acorde) tiene, de por sí, al menos una función determinada.

Ahora bien, en este contexto, agregarle una séptima a un acorde está bastante lejos de ser un adorno o un embellecimiento.

El cuarto sonido puesto sobre la Tríada, la séptima, lo primero que hace es **alterar el equilibrio interno del acorde**, y esta alteración del equilibrio afecta la función que cumple.

Momento de contemplación

Tocá por favor pacientemente muchas veces un acorde Perfecto Mayor o menor. Suavecito, sin apuro. Cuando te resulte casi monótono, agregále una séptima...

¡Oh!...

Verás que el acorde "tira" hacia algún lado. El oído nos pide que vayamos a algún otro acorde, o que sigamos haciendo mutar a este, es decir que al romper el equilibrio de la triada inicia un movimiento, rompe una inercia, para decirlo de algún modo.

Continuamos

Por eso dije más arriba que lo primero que logra una séptima es desequilibrar al acorde por dentro. Lógicamente, cuando algo cae, tiende a caer para un lado determinado.

Pero calma. Esto lo comprenderás mejor recorriendo un caminito que te propongo.

Cifrado tradicional de las Inversiones del Acorde de Séptima

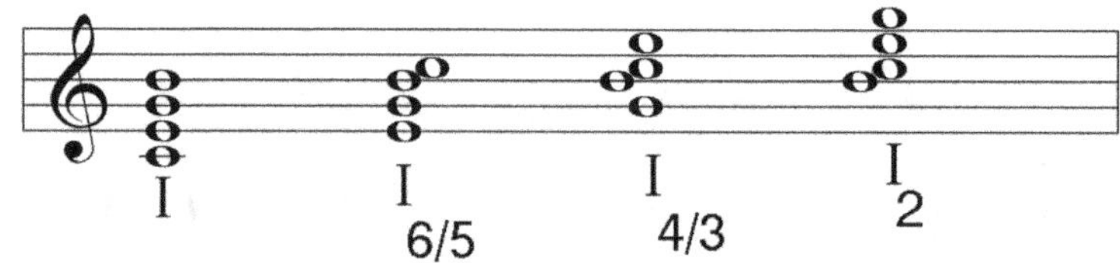

Dejemos nuestro acorde suavecito, nuestra séptima desequilibrante y las inversiones para usarlo más tarde y presentemos de una buena vez el elenco de Séptimas sobre cada grado en las escalas Mayor y menor. Por eso, para familiarizarnos con las séptimas una por una, las aprenderemos a oír y a cantar, así las sabremos distinguir.

Los Séptima en las escalas tipo

Aviso: nuevamente, en la escala menor va a haber dos posibilidades para varios de los acordes, para todos los que contengan el FA y el SOL (el sexto y el séptimo grado), ya que estos pueden estar ascendidos o no. ¡Vamos a cantar!

Acordes de 4 sonidos en la escala Mayor

Pista **47**

Do Mayor.

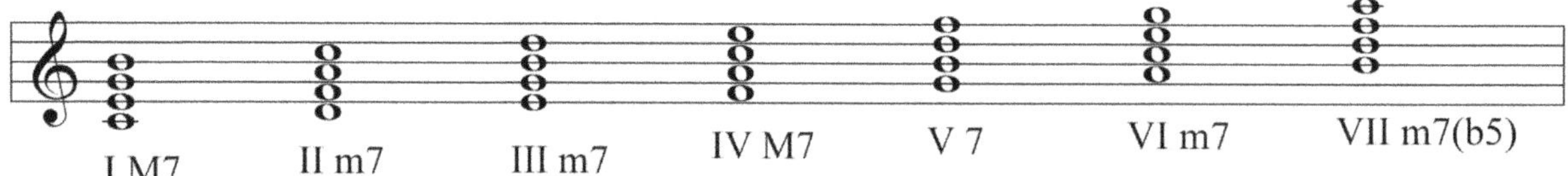

Acordes de 4 sonidos en la escala menor

Pista **48**

La menor

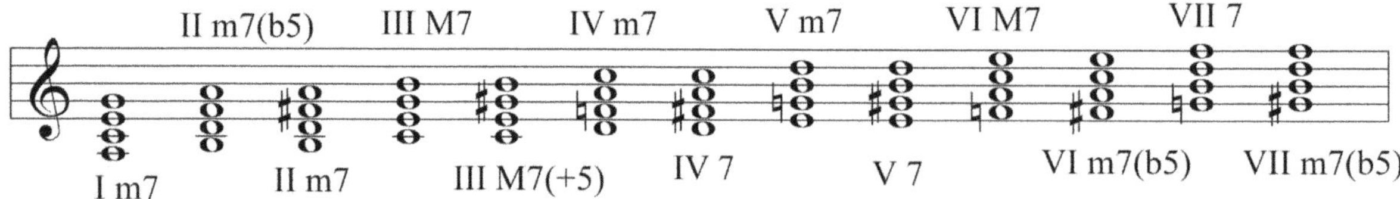

Claro que no todos estos acordes son usados comúnmente, ni he puesto aquí todas las posibilidades que existen. De todos modos es un buen plantel como para empezar.

Nota: Naturalmente no basta con leer esto para saber, aún si cantar sobre las Pistas ayuda. Es necesario poder cantarlos y reconocerlos aún fuera de su contexto, para usarlos a nuestra voluntad.

Es difícil usar a conciencia elementos que no conocés bien, ya que se corre el riesgo de que los elementos te dominen a vos y no al revés.

Te propongo algunos modos de familiarizarte a fondo con los acordes:

- Dada una nota X, cantar cualquiera de los acordes de la tabla que sigue enseguida.
- Cantar y tocar todos estos acordes con sus inversiones.
- Armar distintas escalas con la presentación de sus séptimas. Tocarlas y cantarlas.

Antes de seguir, te paso nombres y cifrados.

Tabla de acordes y cifrado americano[1]

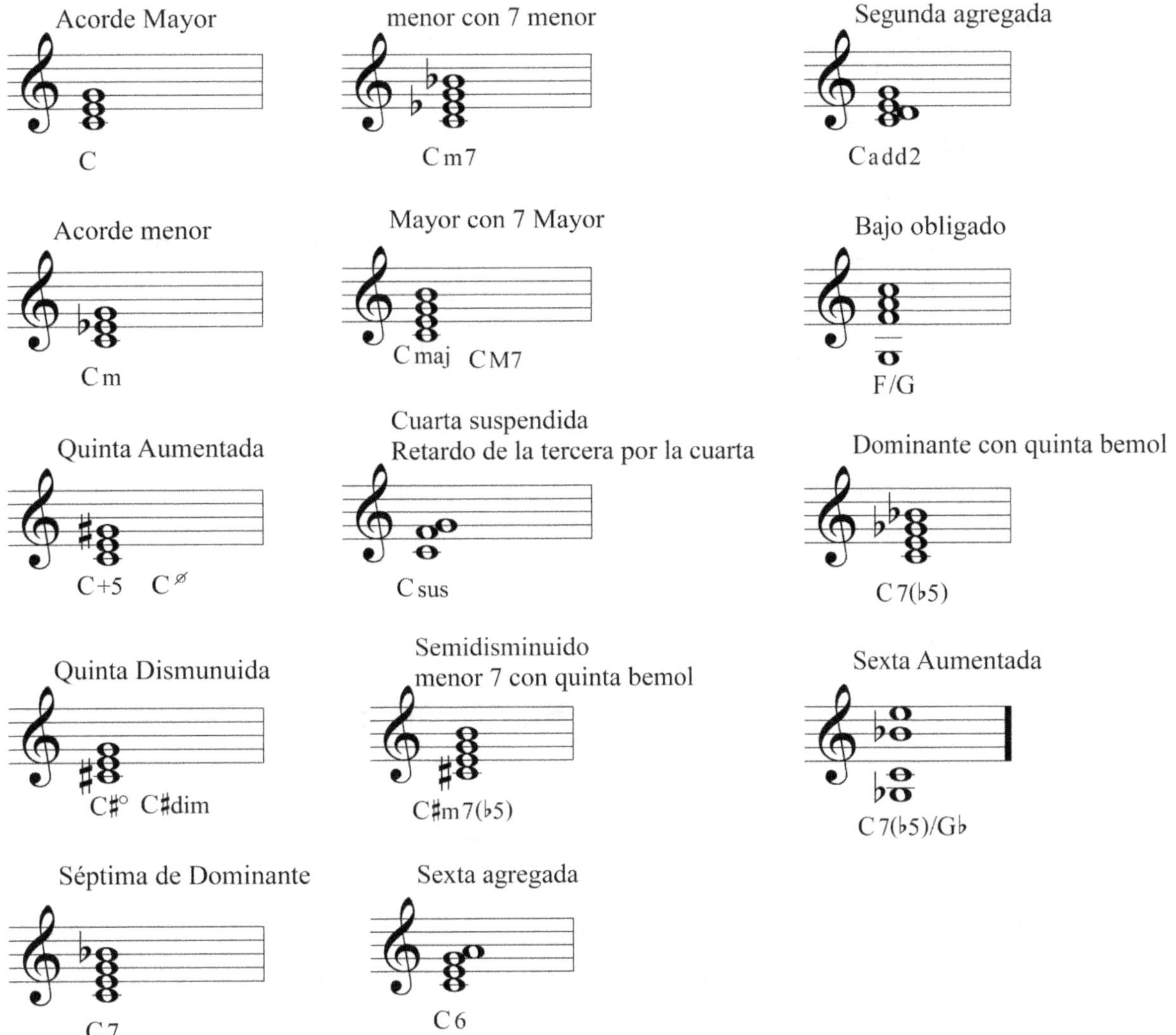

1 Si bien el cifrado americano es la herramienta más difundida, hay algunos de los siguientes acordes que pueden ser indicados de dos o más formas. Escribí las más usadas en los programas de edición de partituras. Ante cualquier duda, recomiendo recurrir a los abundantes referentes en el tema disponibles en la web.

12. Cadena de dominantes (Dominantes Secundarias)

En el Sistema Tonal, la relación ideal entre dos acordes es la de **V-I**, porque el **V** tiene la tensión y el **I** el reposo.

Entonces, los demás acordes aspiran a tener con alguien ese tipo de relación y a hacer "Chin" sobre alguien "Pum".

Como **V** y **I** tienen una Distancia de quinta descendente entre sus fundamentales; vamos a saltar de un grado a otro por quintas, tratando de dar una vuelta que pase por todos los grados, completando un ciclo:

- el **I** puede ser Dominante Secundaria del **IV**,
- el **IV** del **VII**,[1]
- el **VII** del **III**,
- el **III** del **VI**,
- el **VI** del **II** y
- el **II** del **V**.

Trabajo Práctico Nº 6

Consiste en tocar esta encadenación en un instrumento armónico.

Primero comenzamos sólo con las fundamentales; una vez que sepas tocarlas y cantarlas bien y en distintas Tónicas, tocá también los acordes completos.

1 En el modo Mayor, pese a que no hay un salto de quinta justa entre sus fundamentales, la caída se oye igual y juegan a Dominante - Tónica. en el modo menor se da la misma situación pero entre el VI y el II. Ver Vivaldi, Mozart, Bach, por nombrar algunos, y tantos compositores populares.

TP 6. Ejemplo Mayor

Pista **49**

I	IV	VII	III	VI	II	V	I
C	F	B°	Em	Am	Dm	G	C

TP 6. Ejemplo menor

Pista **50**

I	IV	VII	III	VI	II	V	I
Am	Dm	G	C	F	B°	E	Am

Esta Progresión, o Secuencia (algunos la llaman serie) que acabás de tocar es la **Cadena de Dominantes.**

Es en realidad la progresión más conocida, la básica y, tal vez, la madre de todas las progresiones. También es completa, puede aparecer en diversas obras de manera parcial.

Digo completa también en el sentido de que genera movimiento (damos toda una vuelta por todos los grados de una tonalidad), el juego se extiende, hay Chin - Pum todo el tiempo y no está en peligro la capacidad de reposo de la Tónica.

12.1. Dominante Secundaria

Todos los acordes de la Cadena de Dominantes son dominante secundaria del siguiente, aunque sea potencialmente o de un modo sutil.

Esto es tan así, que aun tocando sólo las fundamentales, ya se oye un efecto de caída de cada nota a la siguiente.

Las Dominantes Secundarias pueden tener diferentes grados de tensión para ir de un acorde a otro, según sea su conformación interválica.

Reconocemos tres tipos básicos de Dominantes Secundarias:

- Dominantes Auxiliares las designaremos con un (*DA*)[2]
- Dominantes Efectivas (*e*)
- Dominantes con Fundamental Omitida ($^{\emptyset}$)

A continuación, vamos a verlas una por una, comenzando por la más suave en tensión interna.

---

2 Esta sigla va en la parte superior derecha del cifrado romano, el cifrado americano lo usamos de manera estándar.

12.2. Dominante Auxiliar [(DA)]

Es la de construcción más sencilla dentro de las Dominantes Secundarias.

Es cuando los acordes para realizar la cadena de dominantes incorporan la séptima que les toca por armadura de clave, es decir, sin ningún tipo de alteración accidental.

Por las dudas, repasar la tabla de presentación de las séptimas en las Escalas, ya que ahí figuran todos los acordes que ahora habrá que tocar (pág. 66).

Y vamos a la práctica:

I - I_7^{DA} - IV - IV_7^{DA} - VII - VII_7^{DA} - III - III_7^{DA} - VI - VI_7^{DA} - II - II_7^{DA} - V - V_7 - I

¿Por qué el V_7 no es DA? Porque la Dominante real no puede ser Dominante Auxiliar, ni secundaria ni nada, ella es La Verdadera Dominante!

Traducciones al cifrado americano

Pista 51

C - *CMaj7* - **F** - *FMaj7* - **B°**- *Bm7(b5)* - **Em** - *Em7* - **Am** - *Am7* - **Dm** - *Dm7* - **G** - *G7* - **C**

Pista 52

Am - *Am7* - **Dm** - *Dm7* - **G** - *G7* - **C** - *CMaj7* - **F** - *FMaj7* - **B°** - *Bm7(b5)* - **E** - *E7* - **Am**

El V en el modo menor va siempre Mayor. Más adelante veremos las excepciones.

Habrás comprobado que si bien algunos acordes carecen de sensible por semitono para presionar sobre la próxima fundamental, la fuerza gravitatoria del Bajo por quintas es tan grande que igual se oye Chin - Pum, aunque más "blando".

Cito al caso algunas obras donde aparece este tipo de progresión: Sonata K 332 Fa M de W. A. Mozart (primer movimiento, pasaje en Do menor), la Huella (villancico) de Ariel Ramírez y un montón de conciertos de A. Vivaldi.

Trabajo Práctico Nº 7a

Hay que practicar la Cadena de Dominantes con DA en varias tonalidades, tomando como modelo las expuestas en los ejemplos.

Primero en el instrumento y, luego, cantando los arpegios de cada acorde.

Cuidado con el V: en el modo menor, recordá que el V es siempre Mayor, por ahora.

Cuidado también con el VII en Modo menor: con la séptima que le toca, se transforma en una séptima de Dominante para el III.

TP 7a. Ej. 1

Construir y tocar la Cadena de Dominantes Auxiliares en G, D, F y Bb

TP 7a. Ej. 2

Construir y tocar la Cadena de Dominantes Auxiliares en Em, Bm, Dm y Gm

Trabajo Práctico Nº 7b

1. Elaboración de melodías con rítmicas y cifrado dados. Si hace falta, repasá la metodología, pag. 30.
2. Buscar la Ur Melodie como en los trabajos anteriores.
3. Elaboración de la Segunda Melodía, siempre siguiendo las instrucciones previas.

Nota: No olvides colocar, debajo del cifrado de grados, el cifrado americano (u otro) para que te sirva de guía. La cantidad de acordes y su conformación comienzan a enriquecer / complicar las cosas. Una confusión en un acorde te puede malograr toda la melodía.

TP 7b. Ej. 01

Pista 53

El cifrado es para hacerlo en Mayor, pero lo puedes realizar Mayor o menor indistintamente.

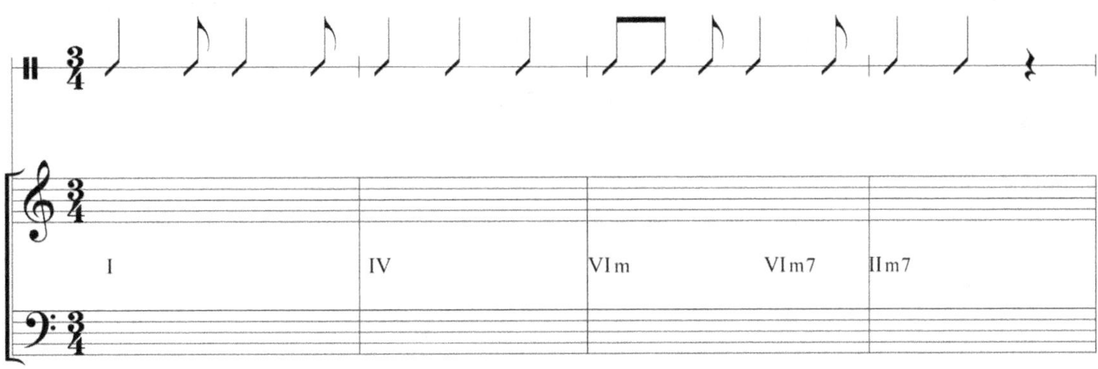

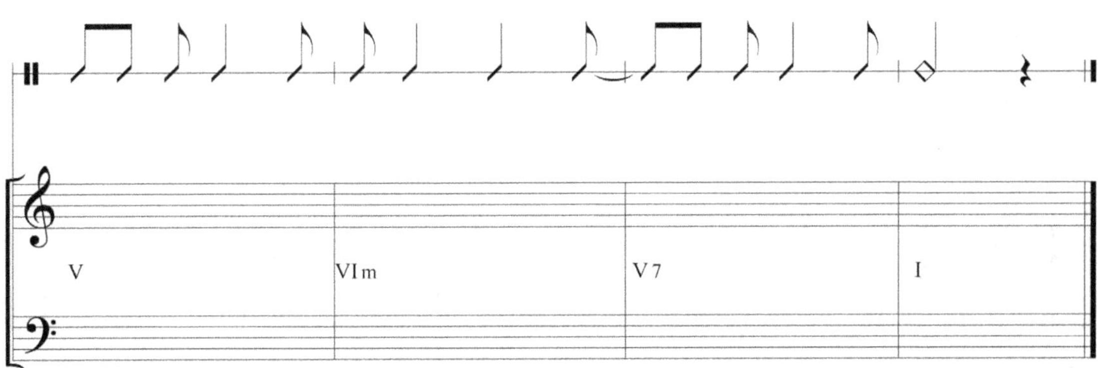

TP 7b. Ej. 02

Pista **54**

El cifrado es para hacerlo en menor, pero lo puedes realizar Mayor indistintamente.

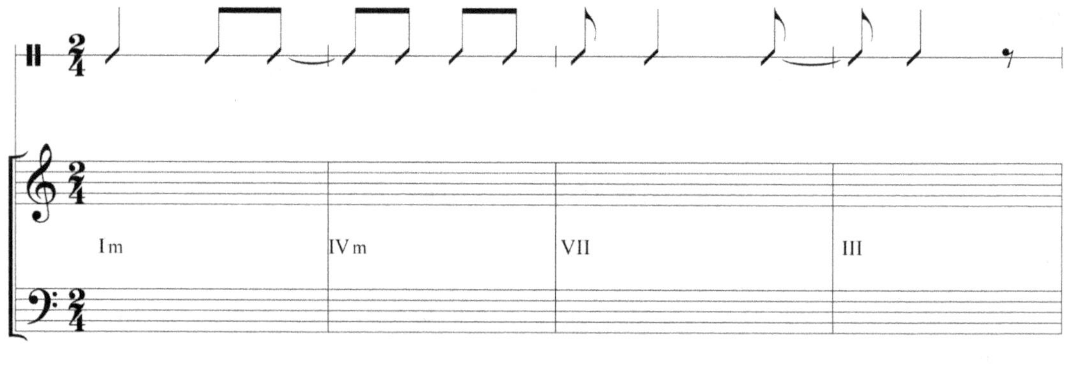

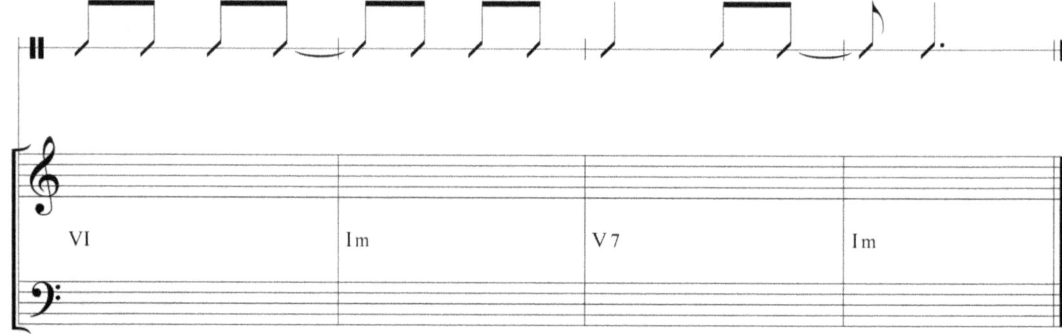

TP 7b. Ej. 03

Pista **55**

El cifrado es para hacerlo en Mayor, pero lo puedes realizar menor indistintamente.

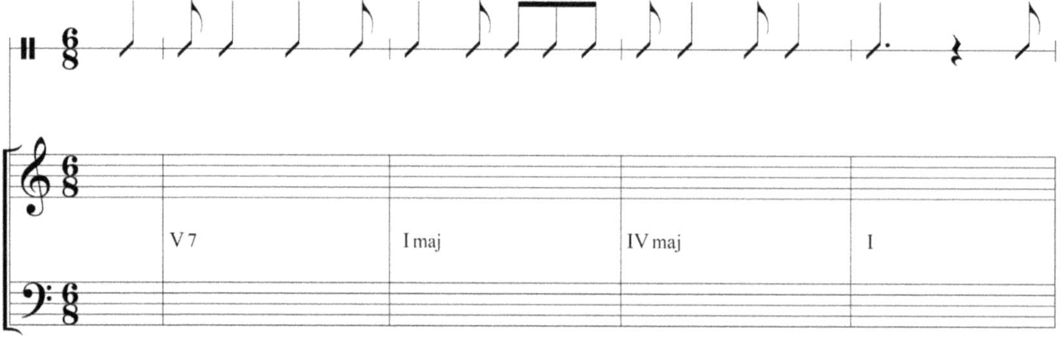

TP 7b. Ej. 04

Pista **56**

El cifrado es para hacerlo en menor, pero lo puedes realizar Mayor indistintamente.

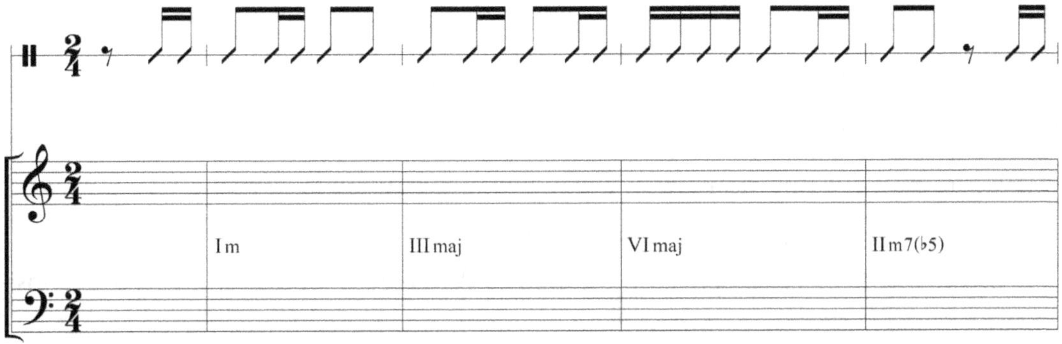

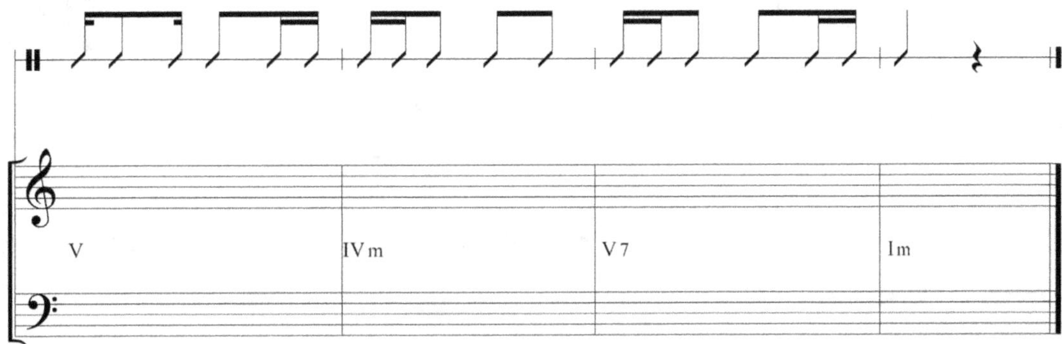

TP 7b. Ej. 05

Pista **57**

El cifrado es para hacerlo en Mayor, pero lo puedes realizar en menor indistintamente.

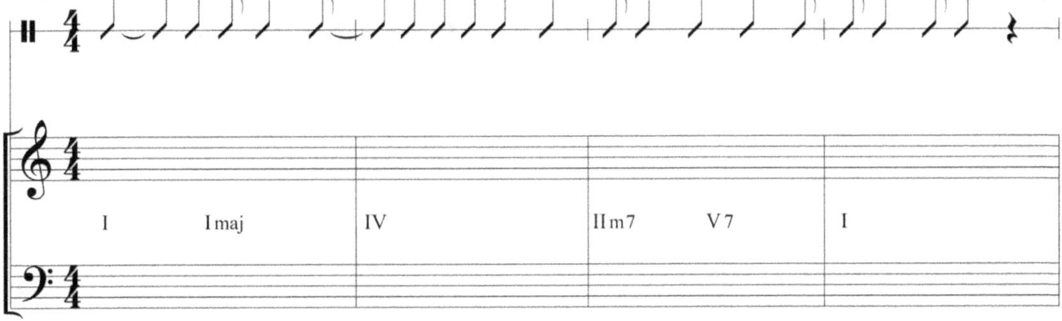

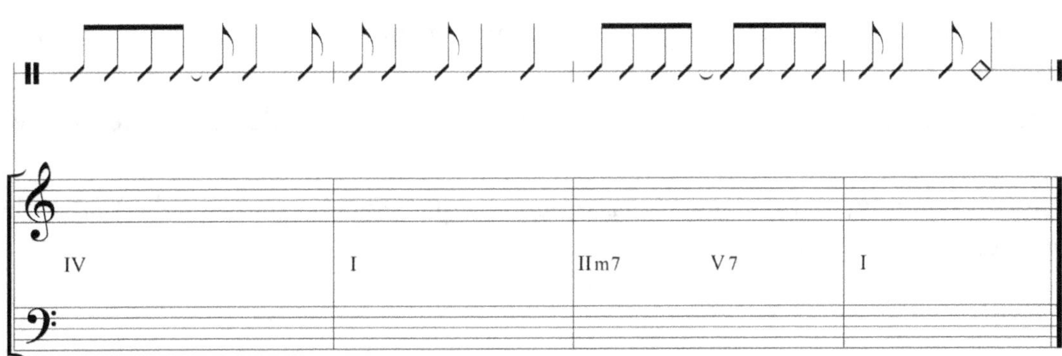

Trabajo Práctico Nº 7c: Armonización de melodías

Por último, te propongo que rearmonices estas 2 melodías.

Repasamos el método:

1. Es conveniente armonizar en primer lugar con las funciones básicas.
2. Luego probar reemplazando algunos acordes.
3. Finalmente, probar agregando Dominantes Auxiliares (séptimas) cuando sea posible y quede bien.

12.3 Dominante Efectiva [e]

Es un tipo más fuerte de dominante secundaria.

De hecho es la que se conoce como Dominante Secundaria en la mayoría de las casas de estudio.

Aquí, los acordes le copian la estructura interválica interna a la **dominante real** que es el V.

De esa manera, vamos a alterar cada acorde hasta que tenga la estructura del V: Acorde Mayor con Séptima menor.

Ejemplo en Do Mayor

C7 - F7 - B7 - E7 - A7 - D7 - G7 - C

En el Modo menor

A7 - D7 - G7 - C7 - F7 - B7 - E7 - Am

Esta serie es la manifestación de la potencialidad, no es fácil encontrar ejemplos porque el resultado es muy condensado!

Pero igual sirve para constatar que todos se metamorfosearon en dominante del acorde que sigue.

Para que cada acorde pueda tener esa estructura de séptima de dominante, hemos tenido que usar la estructura cromática de la escala. (Conviene repasar otra vez las presentaciones de los acordes de séptima en escalas Mayores y menores, pág. 66).

Ahora vamos a hacer el ejercicio pero de forma gradual, para comprender en qué consiste el cambio cromático de los acordes.

Ejemplo para tocar en Modo Mayor:

Pista 60

I	Ie	IV	IVe	VII	VIIe	II	IIIe	VI	VIe	II	IIe	V	V7	I
C	C7	F	F7	Bdim	B7	Em	E7	Am	A7	Dm	D7	G	G7	C

Ejemplo para tocar en Modo menor:

Pista 61

I	Ie	IV	IVe	VII	VIIe	II	IIIe	VI	VIe	II	IIe	V	V7	I
Am	A7	Dm	D7	G	G7	C	C7	F	F7	Bdim	B7	E	E7	Am

Trabajo Práctico Nº 8: Elaboración de melodías

Antes de pasar al trabajo creativo, haremos un poco de elongación y precalentamiento!

Para esto, vamos a tocar la Cadena de Dominantes efectivas en distintas tonalidades M y m, escribiendo el cifrado y tocando.

Nota: En el Modo menor el enlace VIe - IIe presenta problemas ya que la séptima del VI es (enarmonizada) la misma que la tercera M del IIe (En A menor: el VIe es F7, cuya septima es Mi bemol; el IIe es B7 cuya tercera mayor es Re#).

El conflicto aparente es que la misma nota que en un acorde es sensible descendente, en el siguiente es sensible ascendente. Igualmente no hay problema si uno toca en primer lugar los acordes tal cual son y luego los convierte en **e** (efectivos).

Ahora sí:

- Crear una melodía según el método habitual.
- Detectar Ur Melodie.
- Establecer segunda melodía.

TP 8. Ej. 01 Mayor

Pista **62**

TP 8. Ej. 02 menor

Pista 63

TP 8 . Ej. 03 menor

Pista 64

TP 8. Ej. 04 Mayor

Pista 65

TP 8 . Ej. 05 menor

Pista 66

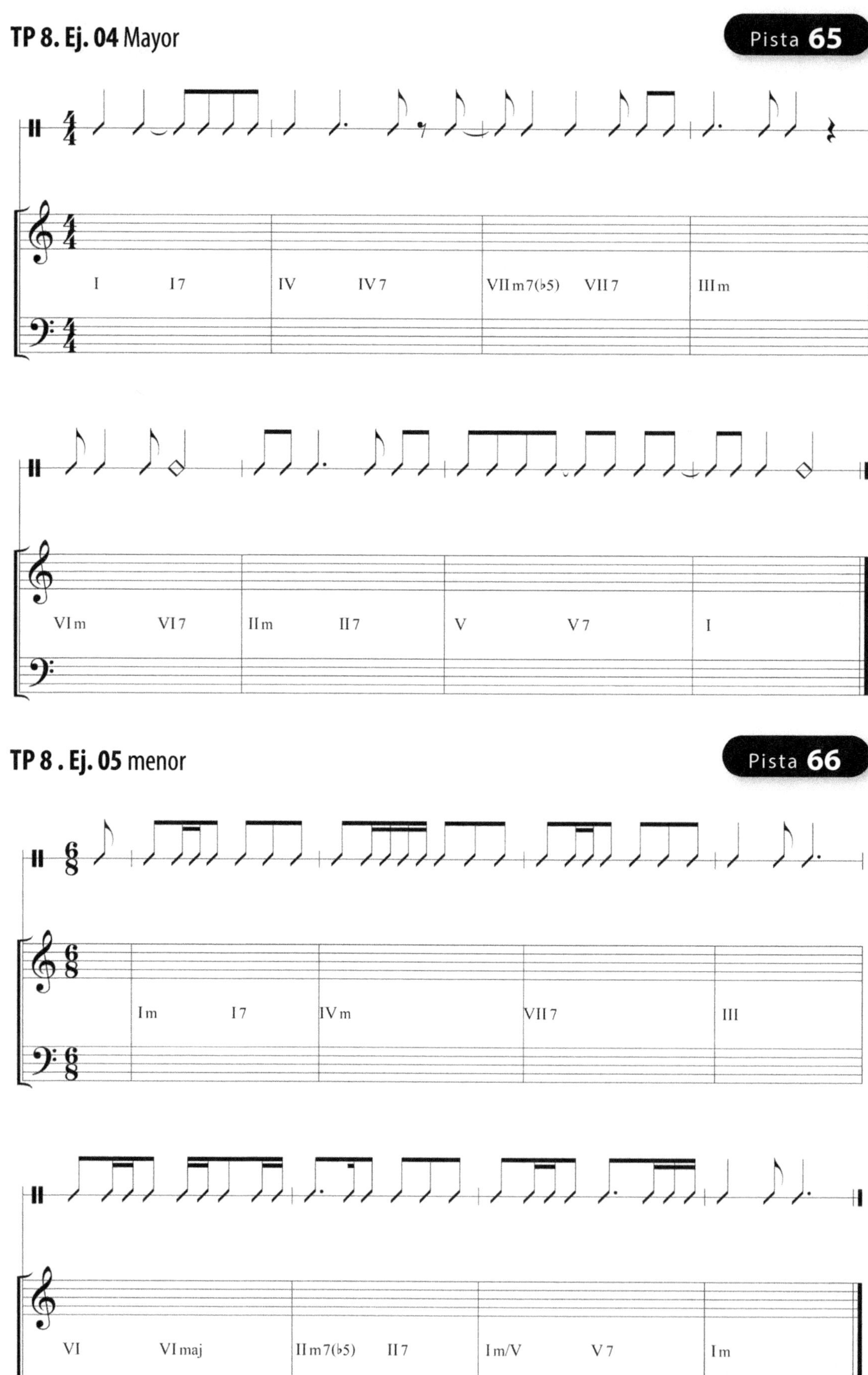

Algunas consideraciones

Como tal vez habrás notado en las ejercitaciones anteriores, estamos al límite de la capacidad de conservación del reposo de la tónica. Esto quiere decir que estamos llegando, en cierto modo, al límite del sistema. Lógicamente, aún da para mucho más, pero el hecho de que surjan séptimas en cualquier acorde a través de las dominantes auxiliares (DA) ya pone de manifiesto tensiones internas en la tonalidad.

En la ejercitación reciente, cuando se hicieron dominantes efectivas (e), esa potencialidad se agranda más todavía, porque aparecen acordes que pueden llevar con fuerza la sensación de reposo hacia grados que no son la tónica. Es que estamos empezando a trabajar con armonía alterada, y se verifica cuando te das cuenta de que al hacer la cadena de Dominantes Secundarias efectivas completa, al final de la serie has tocado las 12 doce notas de la escala cromática. Esto nos lleva a hacer alguna reflexión.

Reflexión alrededor de la idea de Modulación

Cuando presentamos el sistema tonal, casi al comienzo del trabajo, mencionamos que están en pugna fuerzas centrípetas que tienden a mantener la capacidad de reposo de la tónica y fuerzas centrífugas que tienden a establecer el reposo en otro grado o aún en una nota que ni siquiera está presente dentro de la tonalidad en la que estabas.

La potencialidad de establecer el centro tonal en otro lado es la potencialidad de modulación.

Quiero aclarar esto porque muchas veces –desde el punto de vista teórico y mayormente en ámbitos académicos– siempre aparece el hecho modulatorio como un procedimiento realmente muy difícil y muy complicado dentro del manejo del sistema.

A través de estos ejercicios hemos comprobado auditivamente que es tan difícil quedarse en la tonalidad como irse, y a la vez ambas cosas son sencillas, porque siempre depende del contexto que estamos generando al tocar cada nuevo acorde y conducir la melodía.

En definitiva, Modular sería básicamente aprovechar la fuerza centrífuga que ciertas situaciones provocan.

Para poder modular es importante bloquear parcial o totalmente los roles de los acordes de la tonalidad en la que estamos, para poder presentar las funciones del nuevo centro. Este criterio básico, lo hemos aprendido de escuchar, reflexionar y probar.

Por estas y otras razones recomiendo que más temprano que tarde, dediques un tiempo a analizar los corales de J. S. Bach. Esas obras cortas además de ser ejemplos extraordinarios de narrativa musical, apoyada esencialmente en el discurso armónico, nos presentan muchísimos ejemplos de procesos cadenciales modulantes, casi en cada calderón.

Debo decir también que la modulación, como el manejo de todos los elementos dentro de una tonalidad, obedece a una necesidad estética, es decir, a una necesidad expresiva.

En la música académica o popular de todos los estilos hay una cantidad enorme de ejemplos de modulación, como manera de resaltar lo que viene, o para cambiar de clima (pasa a modo mayor o menor), o adecuar un pasaje a la tesitura de una voz, etc.

En los temas siguientes vamos a seguir profundizando la evolución de la Dominante. Estas ejercitaciones, a su vez, ponen todavía más en evidencia que

El equilibrio de la capacidad de reposo de la tónica a veces es precario.

En el fondo, todos los equilibrios lo son, ¿verdad? Llamamos "equilibrio" a esos momentos (raros) de paridad entre fuerzas en pugna... Antes de pasar al siguiente tema, haremos unos ejercicios para repasar, afianzar, ganar en confianza y riqueza de posibilidades.

Trabajo Práctico Nº 9a: Armonizar melodías

En primer lugar, vamos a armonizar dos melodías, y algunas más! Este viene con "yapa" (del quechua: regalo, ayuda, aumento). Como en todos los ejercicios de armonizar y reemplazar, la primera etapa es, sí o sí, ver cuales son los acordes básicos. Cuanto más simple y firme es la base, ¡más libertad de construcción hay!

TP 9a. Ej. 01: Haydn (Sinfonía Militar)

Pista **67**

Otra melodía del maestro Haydn. Tenemos tres etapas de armonización: primero con los acordes básicos, luego con reemplazos por sonidos comunes y luego probando si podés colocar alguna Dominante Auxiliar o Efectiva. Es posible que en el juego de las dominantes secundarias y los reemplazos se pueda terminar en una tónica diferente a la planteada, por ejemplo la relativa. Probar no cuesta nada: para poder elegir es necesario conocer.

TP 9a . Ej. 02: Schumann (Lied)

Pista **68**

En el segundo caso, al Maestro Schumann le pedimos prestada una melodía. Como en el caso anterior, hay más de una opción.

La yapa

Rearmonizar tus propias melodías de los TP 1 y 2.

¡Elegí un par de cada uno, tal vez los más simples, te vas a divertir!

La simpleza de aquellas melodías es ahora una riqueza, porque te dan la posibilidad de jugar mucho más con las armonías aprendidas.

Trabajo Práctico Nº 9b

Elaboración de Melodías con armonías que incluyen acordes DA y e:

- Construir una melodía.
- Detectar Ur Melodie.
- Establecer segunda melodía.

TP 9b . Ej. 01: Mayor

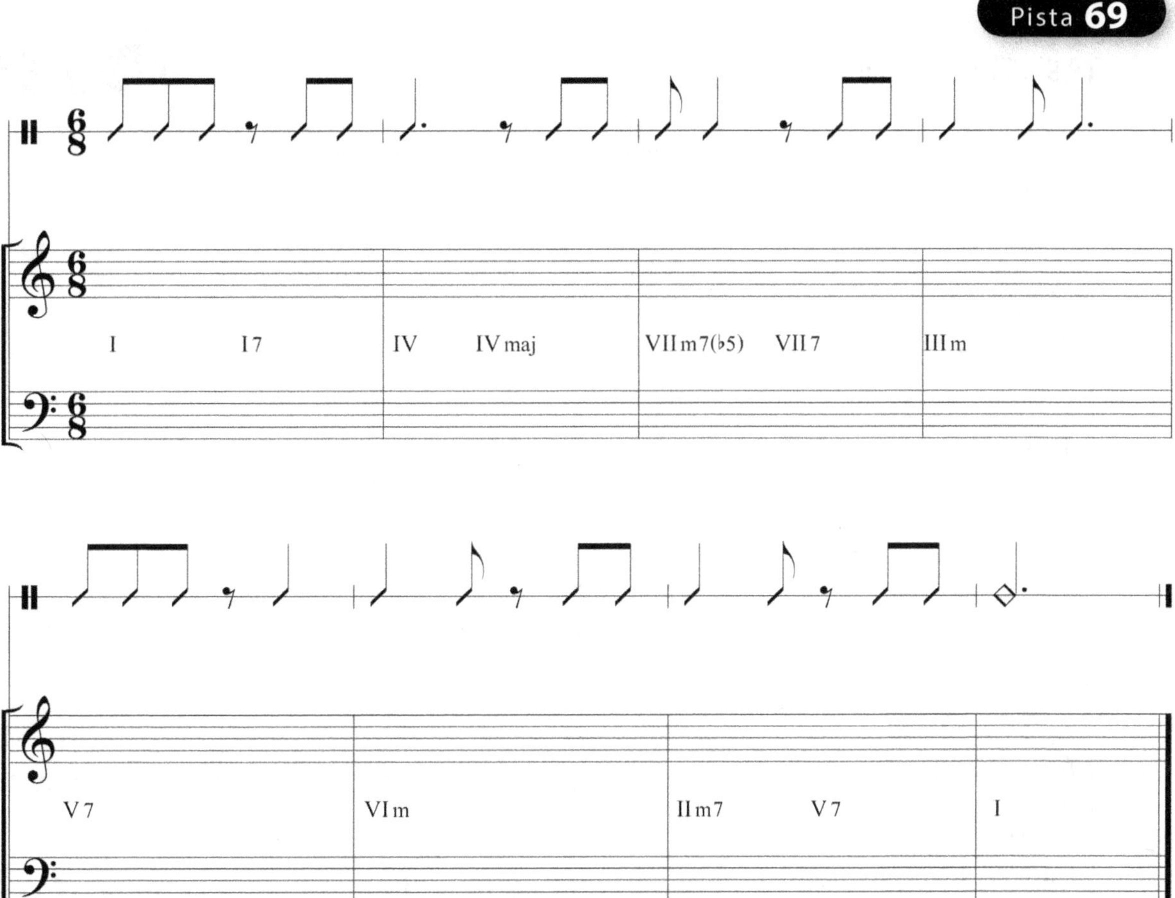

TP 9b. Ej. 02: menor

Pista 70

TP 9b. Ej. 03: menor

Pista 71

13. Acorde de novena de dominante y V con fundamental omitida

13.1 Acorde de novena de dominante V_9

Un acorde de Novena no es otra cosa que un acorde de Séptima al que se le agrega una tercera.

Es, por lo tanto, un acorde de **5 sonidos**, aunque por razones técnicas no siempre se tocan todos.

Si bien las novenas se usan mucho en música popular, su presencia tiene que ver muchas veces con el color que aporta, o como una suerte de Dominante Auxiliar muy blanda.

Nosotros vamos a tratar de incorporarlas desde su función de Dominante Efectiva, sea Real o Secundaria.

Nos interesa que aprendas a oír y, por lo tanto, a utilizar todos los acordes con respecto a su función. Por este motivo estudiaremos al acorde de cinco sonidos visto como Novena de Dominante.[1]

La novena puede ser Mayor o menor. Si estamos en un tono Mayor, la novena del V tiende a ser Mayor, y si el tono es menor, la novena del V también lo será. De todos modos, este acorde suele aparecer cuando el contexto general es de armonía alterada, entonces también podrás encontrar un V_9 menor en un contexto Mayor, y viceversa, aunque parezca raro.

1 Naturalmente las Dominantes auxiliares pueden tener cinco sonidos, y de hecho existen, pero ese mundo te lo dejo para experimentar a solas, no te hace falta mi ayuda para investigar según tu propia curiosidad.

Trabajo Práctico Nº 10a

- Tocar las armonías de algunos de los ejercicios ya hechos (TP Nº 1, 2, 7, 8, 9) en modos Mayor y menor, respetando el cifrado salvo el V, que será reemplazado por un **V9**.
- Observar atentamente cómo incide esta nueva situación en la melodía.

Como habrás notado, el acorde de **Novena de Dominante**, además de ser un acorde que aporta color a la tensión del V sobre la **Tónica**, es un acorde **cargado de tensión interna.**

Como uso real es bastante poco frecuente tanto en el barroco como en el clasicismo.

Lo que sí se suele ver es que se usa un acorde que nosotros llamamos V con fundamental omitida.

Nota: No digo que no existan las novenas. Sólo digo que son infrecuentes, porque muchas veces pasa que lo que se lee como novena no tiene relevancia funcional sino que aparece como un adorno armónico, de color o apoyatura, retardo, etc.

13.2 Quinto con fundamental omitida ($V^{\varnothing}$)[2]

El modo simple de entenderlo es pensar que es el VII con 7 dim (séptima disminuida), y que éste acorde suple al de Dominante.

Eso es cierto, pero es una media verdad, porque verlo de ese modo nos dificulta entender que todos los acordes pueden ser Dominantes Secundarias con Fundamental Omitida, y también nos quedamos afuera de lo que implica jugar con acordes disminuidos dentro de la Tonalidad.

Por lo tanto, vas a armarte de una enorme cantidad de paciencia y atención (!) para poder acceder a esta magnífica herramienta que es el acorde con fundamental omitida.

En el Romanticismo del siglo XIX, cuando los compositores los descubrieron, hablaron de lo Tonal como Pan Tonalidad o Tonalidad Expandida. ¡Sentían que derribaban las fronteras del mundo tonal conocido y que la idea de distancia se hacía añicos!

La construcción del $\mathbf{V}^{\varnothing}$ es muy simple: Del $\mathbf{V}^{9}$ se tocan todas las notas menos la fundamental.

Notarás que la dirección del acorde (su Función) permanece intacta.

Se arma sobre el quinto grado (V), que en DO M está formado por SOL - SI - RE - FA - LA: (el La puede ser natural o bemol según sea con novena de dominante Mayor o menor).

---

2 Atención estimados aprendices: no confundir la indicación $^{\varnothing}$ de omitido con el cerito ° que indica que el acorde de séptima es Disminuido!

Cantando la **fundamental** del acorde (es decir, el SOL), mientras tocamos el acorde de **séptima disminuida**, vamos a notar que la **fundamental** es la que aclara o explicita la dirección del acorde, pero su **Función** en sí, no cambia, porque lo que "hace" a la Dominante es el Tritono que se forma entre la tercera y la séptima de ese acorde.[3]

Interválica Interna

El acorde de **$V^{\varnothing}$** : Quinto con Fundamental Omitida puede ser de 7 dim (séptima disminuida) en el contexto de los tonos menores y de Séptima Semidisminuida en un contexto Mayor.

Otra nota: Los conceptos que aquí presentamos no sólo están avalados por nuestra audición (que siempre puede ser un poco fantasiosa), sino por Maestros como A. Schönberg, E. Leuchter, etc.[4]

Sensibles Secundarias

Este concepto es, para nosotros, una 1/2 verdad porque aunque desde lo visual es una Sensible Secundaria, lo auditivo confirma una Dominante, y queremos ser coherentes con nuestro oído que detecta sólo 3 funciones.

Disculpen, cuando suena un acorde hecho sobre una sensible, ¡escucho la Función de Dominante!

Vamos a trabajar para comenzar a incorporar todo lo dicho del tema.

Primero vamos a hacer algunas prácticas con el **$V^{\varnothing}$** desde cosas ya conocidas.

Trabajo Práctico Nº 10b

Este Trabajo Práctico es muy similar al 10a.

Tomando canciones que conozcas o tus primeras melodías, reemplazá al **V** normal, por un séptima disminuida que contenga a la sensible. Por ej.: si el V era MI M, ahora vas a colocar un séptima disminuida armado sobre SOL# (**$V^{\varnothing}$**).

---

3 La tercera y séptima del acorde de Dominante, son las "notas características" (sensible modal y tonal) de la Tónica en juego.

4 Erwin Leuchter: Eminente maestro de armonía que vivió en Buenos Aires. Es considerado uno de los más relevantes en el plano nacional. Su libro de recopilación de los 386 corales de Juan Sebastián Bach es el más usado en todo el mundo. Como tantas veces ocurre es muy conocido y respetado en el extranjero. Su libro Armonía Práctica es tan simple y sintético como útil, sobre todo a la hora de dar clases en escuelas y colegios.

Para leer luego de hacer el trabajo anterior

Como hemos oído (peor o mejor según la melodía y la elasticidad de nuestra orejita), podemos comparar al V_7 normal, con el V^{ø}, notaremos que las diferencias son de tensión interna del acorde pero no respecto a la direccionalidad y Función que tiene. Aunque la Fundamental no esté, el acorde suena a Dominante.

Trabajo Práctico Nº 10c

Vamos a armar la Cadena de Dominantes con Fundamental Omitida, teniendo mucho cuidado en la mutación de cada uno de los acordes:

Partimos del grado común, quitándole la Fundamental, vas a tener que ponerlo en primera inversión y, además, agregarle la séptima y la novena.

En este trabajo tomaremos siempre la opción del séptima disminuida pero, cuando vos lo manejes bien, podrás repetirla con el Semidisminuido.

Tocar Cadena de dominantes transformando cada grado en omitido, así:

I	I^{ø}	IV	IV^{ø}	VII	VII^{ø}	III	III^{ø}	VI	VI^{ø}	II	II^{ø}	V	V^{ø}	I

Traducción al cifrado americano, Modo Mayor[5]

I	I^{ø}	IV	IV^{ø}	VII	VII^{ø}	III	III^{ø}	VI	VI^{ø}	II	II^{ø}	V	V^{ø}	I
C	Eº	F	Aº	Bdim	D#º	Em	G#º	Am	C#º	Dm	F#º	G	Bº	C

Cadena de dominantes con fundamental omitida Mayor: **Pista 72**

Traducción al cifrado americano, Modo menor

I	I^{ø}	IV	IV^{ø}	VII	VII^{ø}	III	III^{ø}	VI	VI^{ø}	II	II^{ø}	V	V^{ø}	I
Am	C#º	Dm	F#º	G	Bº	C	Eº	F	Aº	Bdim	D#º	E	G#º	Am

Cadena de dominantes con fundamental omitida menor: **Pista 73**

5 No confundir el signo de Omitido, que es una o minúscula con el cero, que es el símbolo usado para los acordes de séptima disminuida.

¿Y la Creatividad?

¡¡Ahora llega su momento!! Haremos unas melodías.

Cada nuevo trabajo es otro desafío a tu fantasía. Hay días más favorables que otros. Hasta Mozart dijo alguna vez que había días en los que no tenía sentido intentarlo. Pero para aprender a respetarnos en esos días, sabemos que el camino es intentar siempre.

Trabajo Práctico Nº 11a

- Sobre la base de rítmicas dadas, inventar melodías.
- Detectar Ur Melodie.
- Elaborar segunda melodía.

Por primera vez, deberás respetar el modo en el que debés hacer cada ejercicio, si hacés en Mayor uno que te pido que hagas menor, es muy posible que no te dé bien, o que se te complique mucho.

TP 11a. Ej. 01: modo menor

Pista 74

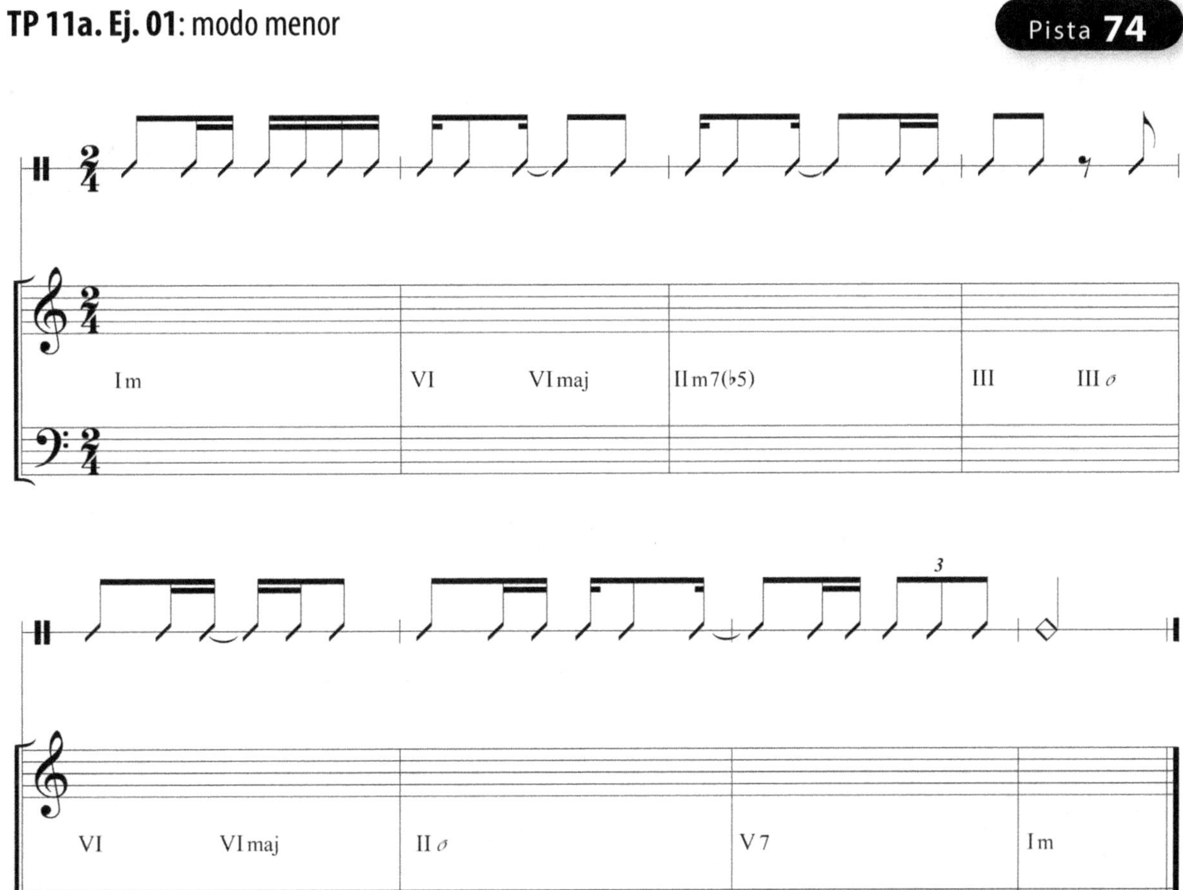

TP 11a. Ej. 02: modo Mayor

Pista **75**

TP 11a. Ej. 03: modo menor

Pista **76**

TP 11a. Ej. 04: modo Mayor

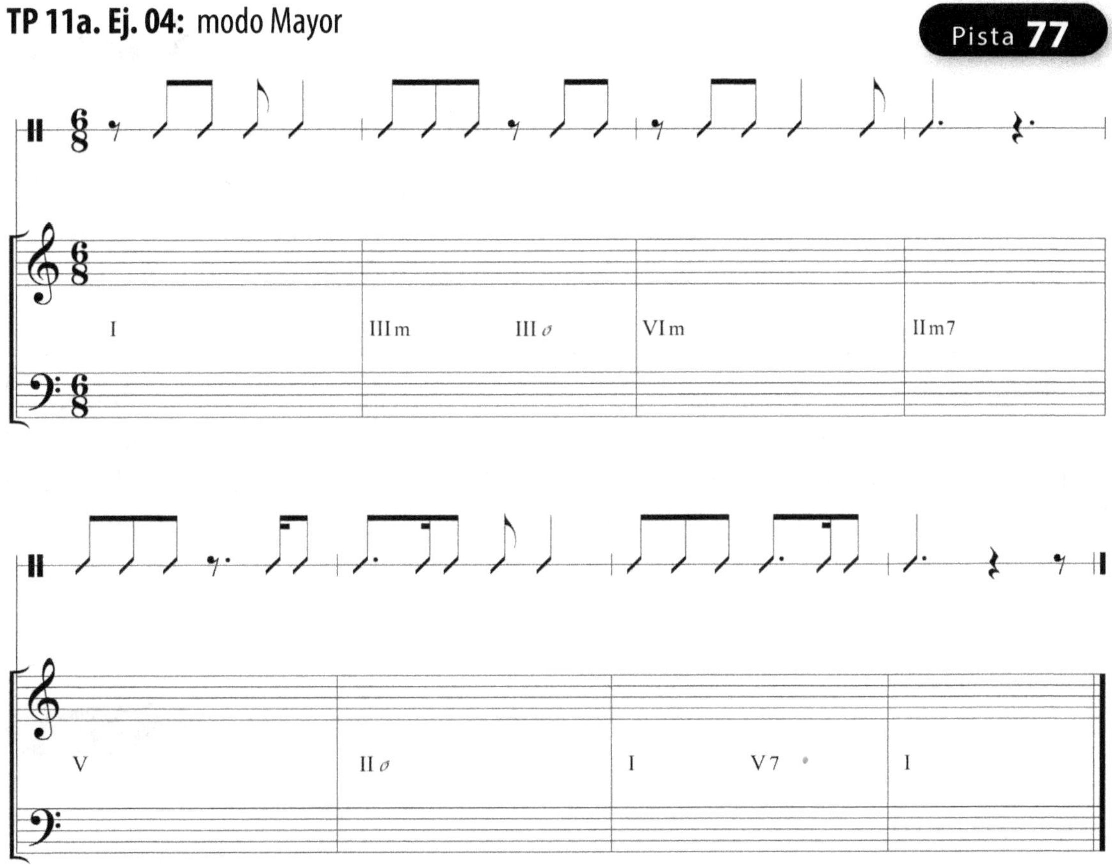

13.3 Séptima disminuida va a cualquier tónica

Resoluciones cromáticas / enarmónicas del acorde de séptima disminuida

La gran herramienta de la modulación.

El acorde de séptima disminuida está compuesto por tres terceras menores, es un acorde simétrico de 4 notas en las que cada una de esas notas es sensible de una tonalidad distinta.

Ejemplo de cuatro sensibles

Si tomamos un septima disminuida construido sobre la nota SI = B°, tenemos:

- la sensible tonal de C (M ó m)
- también podemos entenderlo como D°, que va a Eb (M ó m)
- o podemos pensarlo como F°, que va a Gb (M ó m)
- y por último, como G#°, que va a A (M ó m)

Pista **78**

Como vimos y experimentamos en el ejemplo anterior, se puede oír claramente como el mismo séptima disminuida puede funcionar alternativamente como el $\mathbf{V}^{\varnothing}$ (quinto Omitido) de cuatro tónicas distintas. Para que quede más claro en el oído, vamos a repetir el ejemplo, pero poniendo después del $\mathbf{V}^{\varnothing}$ (quinto Omitido) el V_7.

Pista **79**

$V^{\varnothing}$ - V_7 - I

B° - G7 - C (M ó m)

$V^{\varnothing}$ - V_7 - I

D° Bb7 Eb (M ó m)

$V^{\varnothing}$ - V_7 - I

F° Db7 Gb (M ó m)

$V^{\varnothing}$ - V_7 - I

G#° E7 A (M ó m)

Regla de Tres (simple)

Como en toda la escala cromática los acordes de séptima disminuida que se pueden construir son sólo tres [6] vamos a repetir la operación anterior con los otros dos.

Pista 80

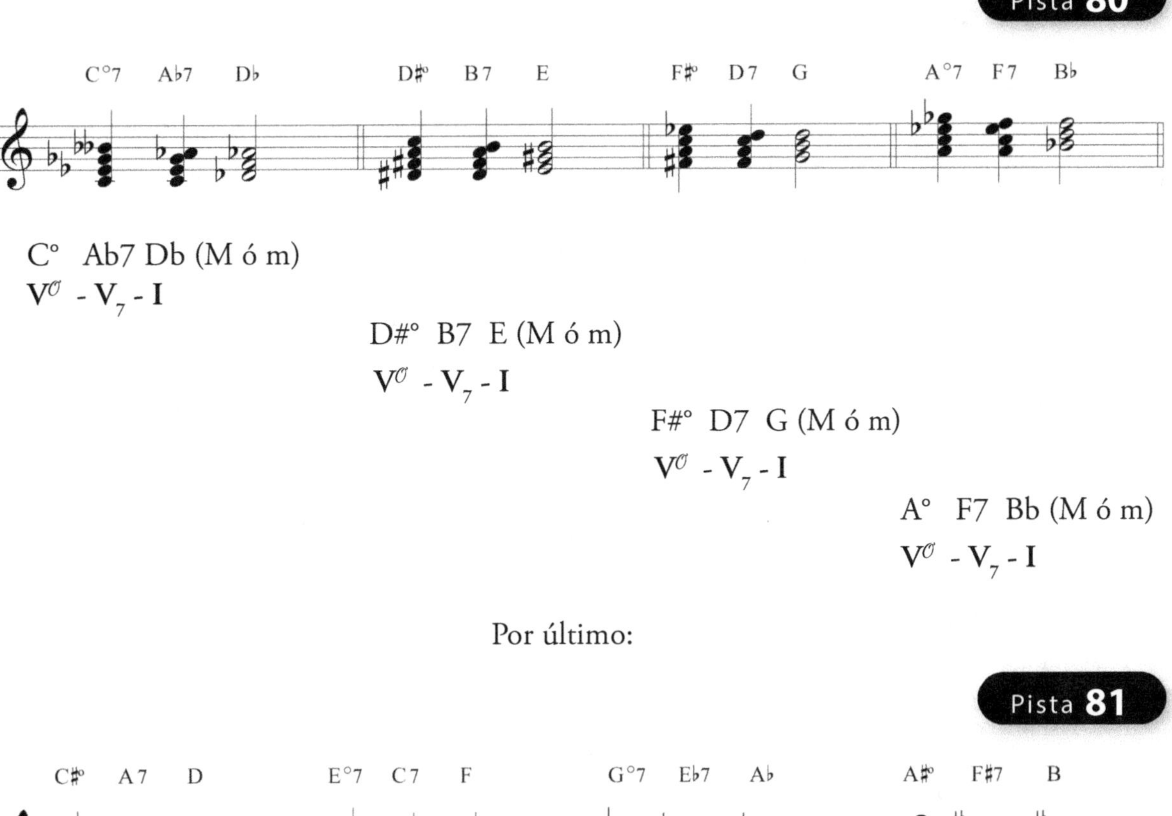

C° Ab7 Db (M ó m)
$V^{ø}$ - V_7 - I

D#° B7 E (M ó m)
$V^{ø}$ - V_7 - I

F#° D7 G (M ó m)
$V^{ø}$ - V_7 - I

A° F7 Bb (M ó m)
$V^{ø}$ - V_7 - I

Por último:

Pista 81

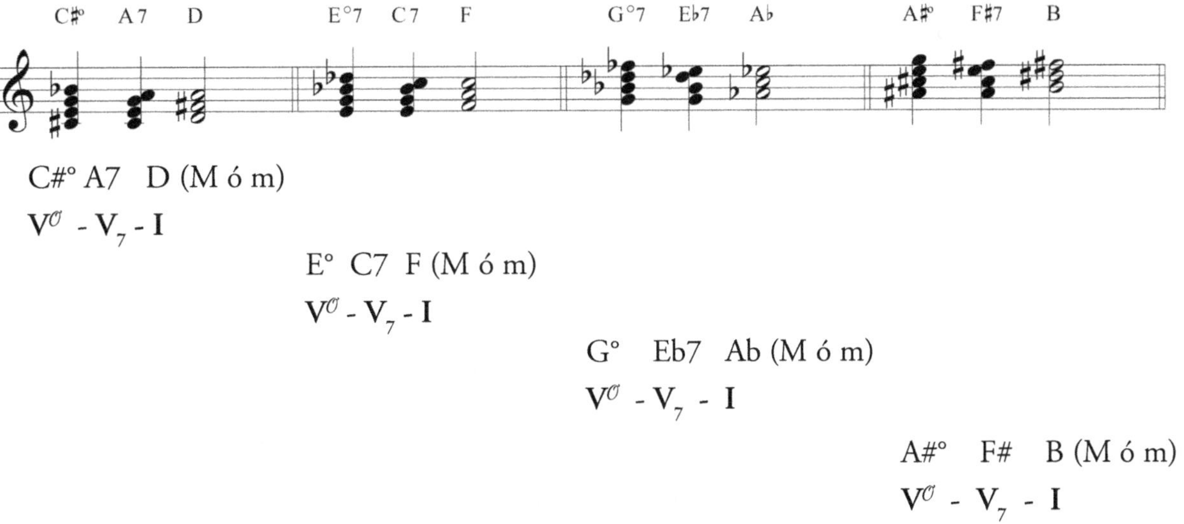

C#° A7 D (M ó m)
$V^{ø}$ - V_7 - I

E° C7 F (M ó m)
$V^{ø}$ - V_7 - I

G° Eb7 Ab (M ó m)
$V^{ø}$ - V_7 - I

A#° F# B (M ó m)
$V^{ø}$ - V_7 - I

---

6 Sí, es así. Comprobarlo es fácil: en un teclado, construí un séptima disminuida, digamos, sobre un SI. Luego, uno sobre DO, Luego uno sobre DO#. Cuando hagas uno sobre RE, vas a constatar que son las mismas notas que en el acorde que ya hiciste sobre SI. De hecho, existen 12 notas, y cada séptima disminuida tiene 4 de ellas.

Para una comprensión profunda y cabal de todos los ejercicios que te propuse es muy importante que, además de tocarlos, los escribas también, a la manera que te ofrezco en el primer ejemplo.

Ahora te propongo un...

Salto de Órbita

¡Este ejercicio que sigue es muy, pero muy, pero muy importante!

Vamos a resolver cada uno de estos acordes de séptima disminuida modulando a cada una de las 12 tónicas posibles de la escala. ¿Es posible?

Resoluciones excepcionales del séptima disminuida

Para entenderlo, te propongo una secuencia de pensamiento lógico.

Si **X°** (séptima disminuida) es el $V^{\varnothing}$ de 4 tónicas posibles, también potencialmente puede ser una dominante secundaria (con fundamental omitida) de algún grado de cualquiera de las 12 tónicas.

¿Por qué? Porque como pudiste observar cuando hiciste la Cadena de Dominantes efectivas con Fundamental Omitida, los tres acordes de séptima disminuida están presentes varias veces en cada cadena, y son los mismos para todas las tónicas.

En el tramo final de la Cadena: VI - II - V - I usamos los tres séptimas disminuidas que existen, por lo tanto, cualquier séptima disminuida figura en el tramo final de la Cadena de cualquier tónica.

Ordenamos la experiencia de esta manera, partiendo de lo que acabamos de ver:

B° es $V^{\varnothing}$ de: C, Eb, Gb/F#, A

Tocamos:

$V^{\varnothing}$	I
B°	C
B°	Eb
B°	F#
B°	A

Podemos pensar que en lugar de llegar a I, llegamos a V, entonces

Pista **82**

$II^{\varnothing}$	V_7	I
B°	C7	F
B°	Eb7	Ab
B°	F#7	B
B°	A7	D

Por último, seguimos un paso más, pensando nuevamente a las Tónicas del paso anterior como Dominantes, entonces

Podemos construir:

Pista 83

VI°	**II** [7]	**V**	**I**
B°	Cm	F	Bb
B°	Ebm	Ab	Db
B°	F#m	B	E
B°	Am	D	G

¿Ha visto? Con B° fuimos a las 12 Tónicas.

¡Tome un descansito! ¿Ya está?

Bueno. Ahora, para que haga su propia experiencia, le voy a proponer abordar las resoluciones con una modalidad distinta.

Trabajo Práctico 11b: Resoluciones del séptima disminuida

Dado nuestro séptima disminuida modelo, el B°, lo vamos a ir resolviendo en cada nota de la escala cromática: vamos a ir a C, C#, D, Eb, etc.

Hay muchos modos de pensarlo pero yo te recomiendo hacerlo de la siguiente manera:

> Teniendo en cuenta la tónica a la que quiero llegar, me pregunto si tengo la sensible tonal. Si es así, mi séptima disminuida es el **V°**.

Si no es así, voy al siguiente paso:

> Como no tengo la sensible tonal del I, me pregunto si tengo la sensible del V.
>
> Si es así, el séptima disminuida es el **II°**, lo resuelvo en el V7 y de ahí al I.

Si no es así, voy al siguiente paso, y acá seguro que se termina el problema:

> Como no tengo la sensible tonal del I, ni del V, seguro tengo la del II, y me queda el séptima disminuida que es el **VI°**, II, V7, I.

Te lo paso en limpio:

~~Dado X°:~~

¿tengo la sensible del I?

sí, entonces es el **V°** y lo puedo resolver: **V° - V7 - I**

7 En el ejemplo es II menor, pero te recomiendo tocarlo semidisminuido para ir a la Tónica menor. En realidad el II DA queda bien tanto en mayor como en menor en este tipo de secuencias en las que se define una nueva Tónica. Incluso es un buen momento de hacer intercambio modal, es decir poner el II del modo menor en un contexto mayor y viceversa.

no: pregunto por el grado que sigue en la Cadena de Dominantes inversa (de atrás para adelante)

Dado **X**^{o}:

tengo la sensible del **V**?

sí: entonces es el **II**^{ø}, y lo puedo resolver aí: **II**^{ø} - **V7 - I**

no: pregunto por el grado que sigue en la Cadena de Dominantes inversa

Dado **X**^{o}:

tengo la sensible del **II**?

sí: entonces es el **VI**^{ø}, y lo puedo resolver así: **VI**^{ø} - **IIda** - **V7 - I**

no: algo hice mal, ¡porque no puede ser que no lo haya encontrado!

Es que no hay más roles posibles para desembarcar en cualquier tonalidad.

X^{o} es:

Dominante Secundaria de alguna SubDominante,

o Dominante Secundaria de la Dominante,

o es directamente el **V**^{ø}.

Trabajo Práctico Nº 11c: Resoluciones excepcionales del Acorde de Séptima Disminuida (Xº)

Vamos a resolver cada séptima disminuida en cada una de las 12 tónicas, para continuar con nuestro primer ejemplo, vamos a usar nuevamente el acorde de **Bº** resolviendolo en C, C#, D, Eb, etc; y después ya te dejo solari, que continúes tú con todas las resoluciones que siguen, que el primer paso ya lo tienes.

TP 11c 01

Para ir a C, partiendo de Bº:
tengo la sensible del I?
si: entonces **Bº** es el V^ø^, por lo tanto mi cadencia será
V^ø^ - V7 - I
Bº - G7 - C [8]

TP 11c 02

Para Ir a Db, partiendo de Bº:
Tengo la sensible del I (Db)?
No.
Tengo la sensible del V (Ab)?
No.
Tengo la sensible del II (Eb)?
¡Sí!
entonces **B°** es el **VI^ø^**, por lo tanto mi cadencia será

VI^ø^ IIda - V7 I
Dº (Bb^ø^) Ebm7 - Ab7 - Db

8 El gráfico es para tocar en piano, en guitarra deberás adaptar a la posición más cómoda y simple. En Internet encontrarás ejemplos de cómo digitar, si te hacen falta.

TP 11c 03

Para ir a D, partiendo de Bº

Tengo la sensible del I (D)?

No.

Tengo la sensible del V (A)?

¡Sí!

entonces **Bº** es el II^{ø}, por lo tanto mi cadencia será

II^{ø}	V7	I
G#º (E^{ø})	A7	D

TP 11c 04

Para ir a Eb, partiendo de Bº:

¿Tengo la sensible del I?

Sí: entonces **Bº** es el V^{ø}, por lo tanto mi cadencia será:

V^{ø}	V7	I
Bº	Bb7	Eb

Ya tenemos los tres casos posibles, porque el séptima disminuida fue **V^{ø}**, **II^{ø}**, **VI^{ø}**.

Ahora vos continuas resolviendo sobre las siguientes tónicas:

E - F - F# - G - Ab - A - Bb - B.

TP 11c 05

Para ir a E, partiendo de Bº:

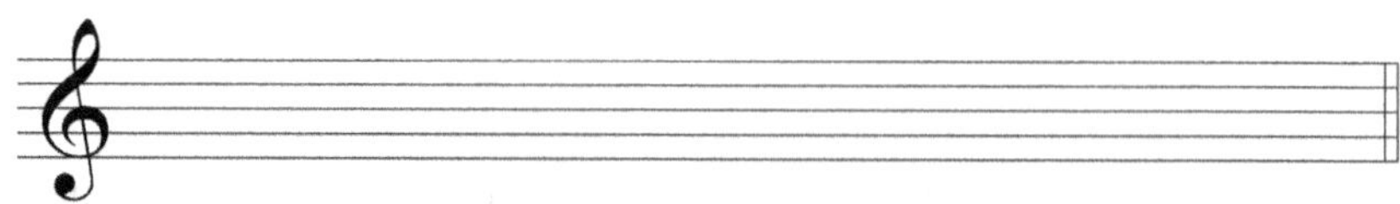

TP 11c 06

Para ir a F, partiendo de Bº:

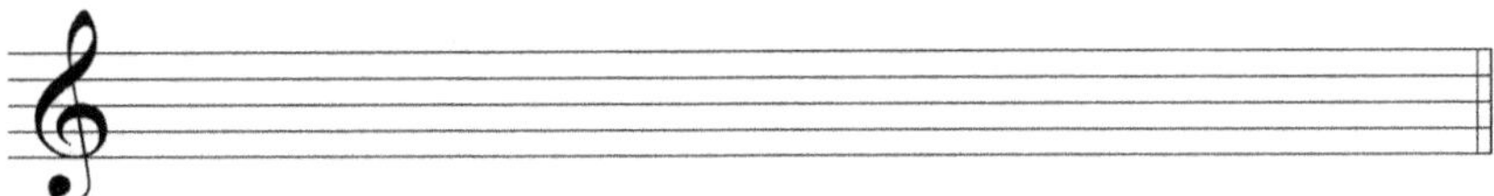

TP 11c 07

Para ir a F#, partiendo de Bº:

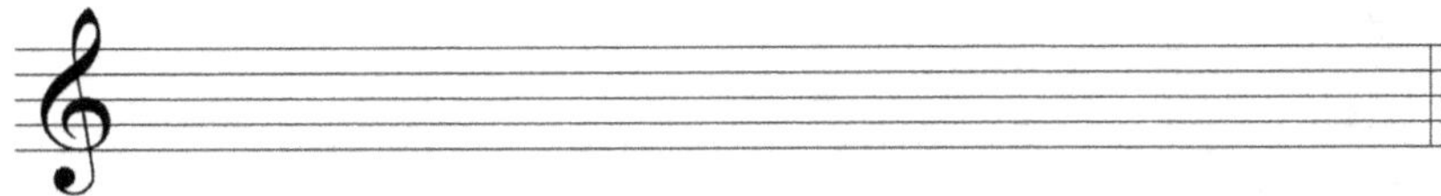

TP 11c 08

Para ir a G, partiendo de Bº:

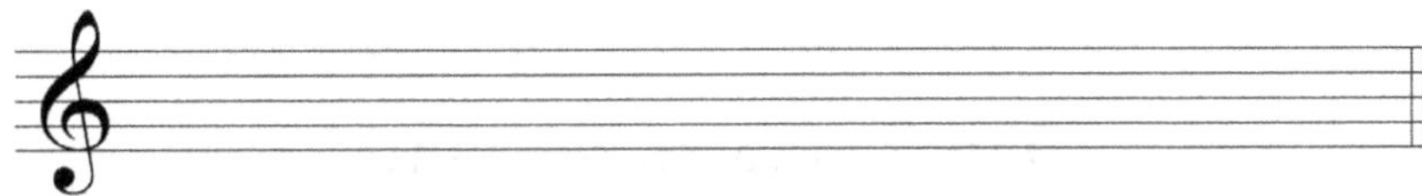

TP 11c 09

Para ir a Ab, partiendo de Bº:

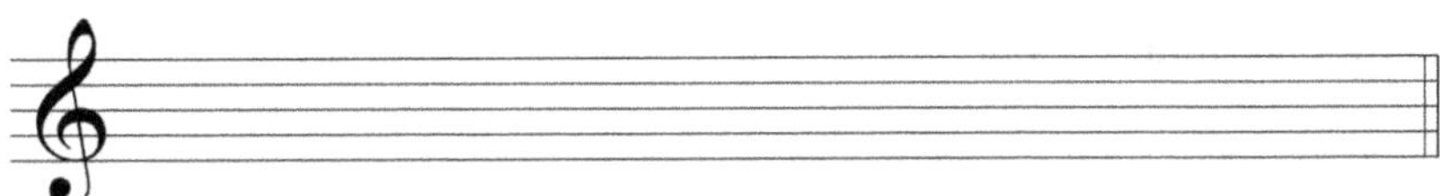

TP 11c 10

Para ir a A, partiendo de Bº:

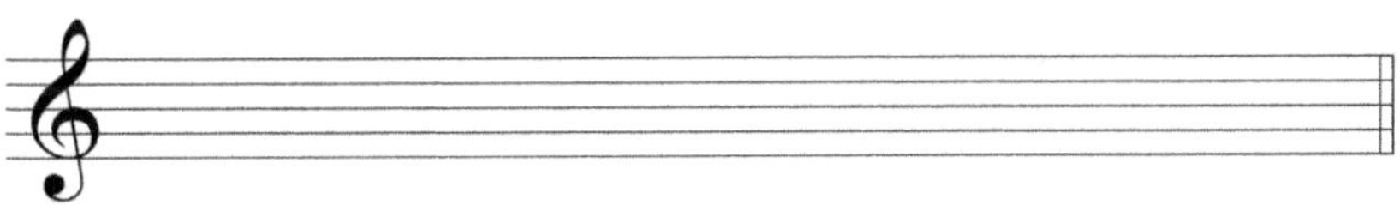

TP 11c 11

Para ir a Bb, partiendo de B°:

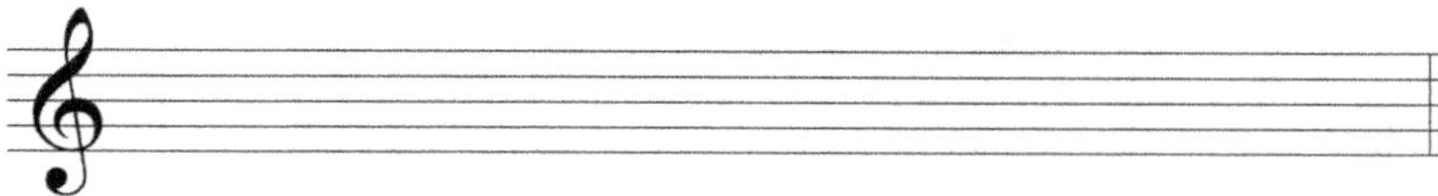

TP 11c 12

Para ir a B, partiendo de B°:

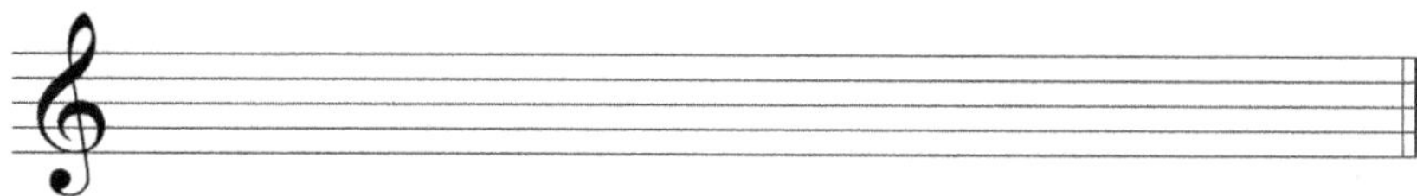

Para afianzar el tema, ampliar tus conocimientos y darte manejo y dominio sobre el tema, vamos a resolver los otros dos disminuidos posibles sobre todas y cada una de las 12 tónicas. Pero antes tomate un recreo.

¿Ya volviste?... ¡Bueno, vamos!

Trabajo Práctico N°11d

C° para ir a C, y también a Db - D - Eb - E - F - F# - G - Ab - A - Bb - B !!

TP 11 d 01

Partiendo de C°, para ir a C:

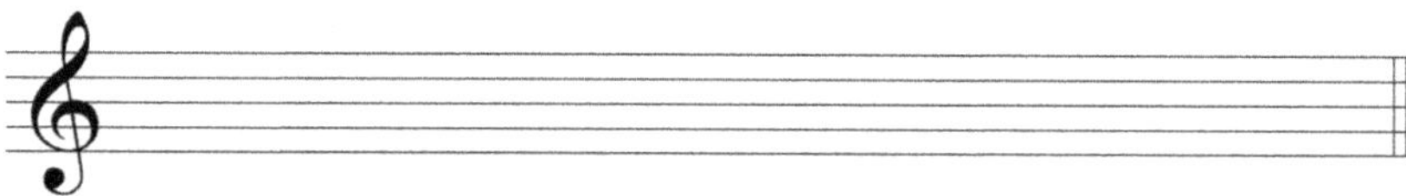

TP 11 d 02

Partiendo de C°, para ir a Db:

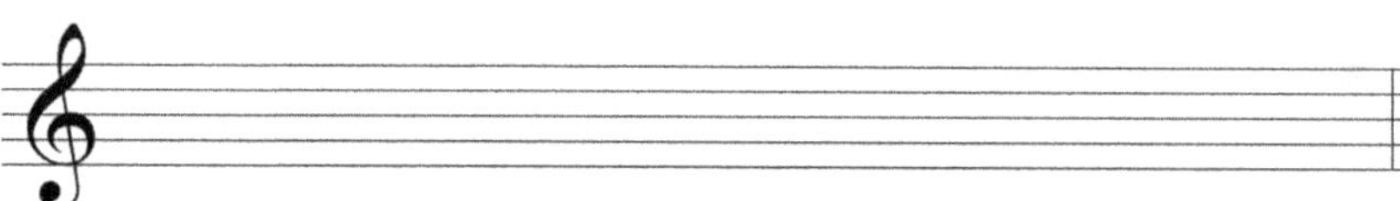

TP 11 d 03

Partiendo de C°, para ir a D:

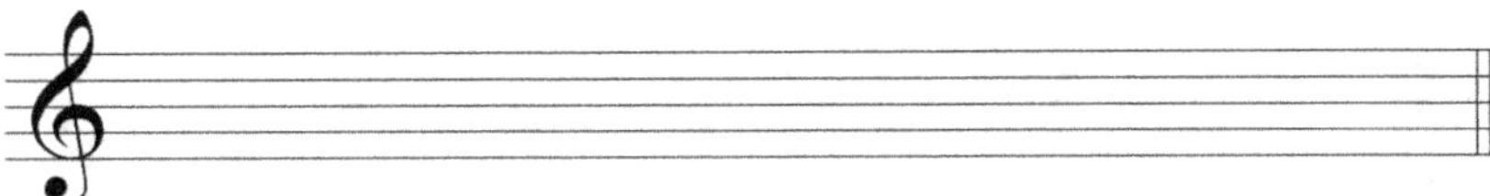

TP 11 d 04

Partiendo de C°, para ir a Eb:

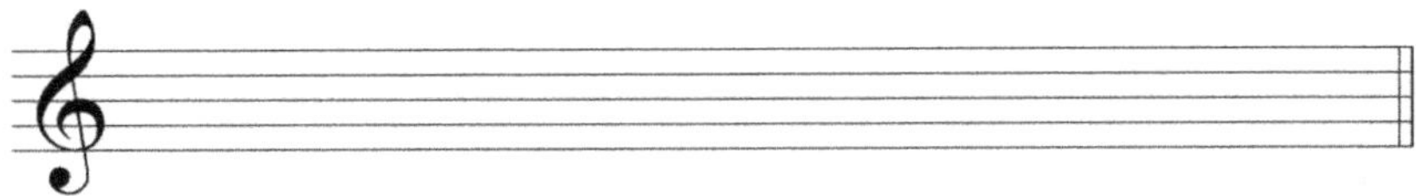

TP 11 d 05

Partiendo de C°, para ir a E:

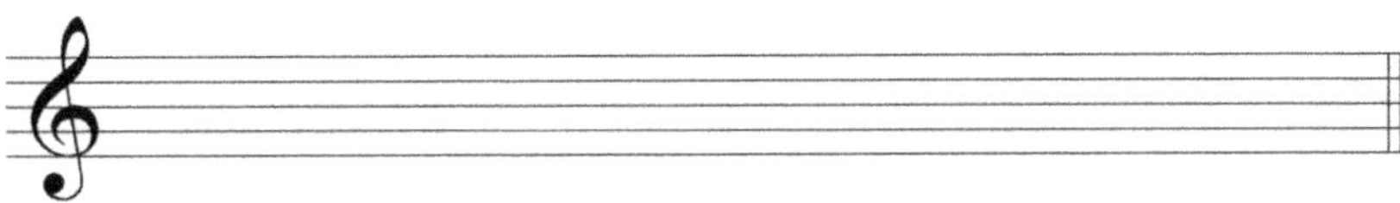

TP 11 d 06

Partiendo de C°, para ir a F:

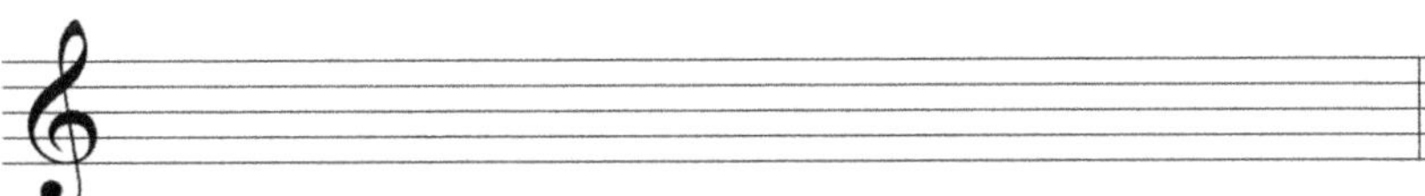

TP 11 d 07

Partiendo de C°, para ir a F#:

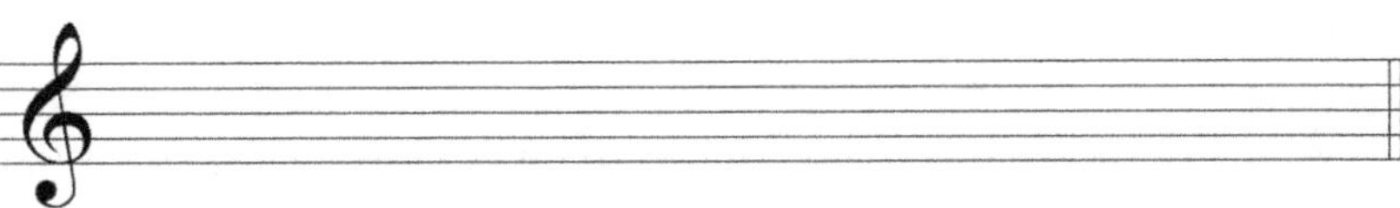

TP 11d 08

Partiendo de C°, para ir a G:

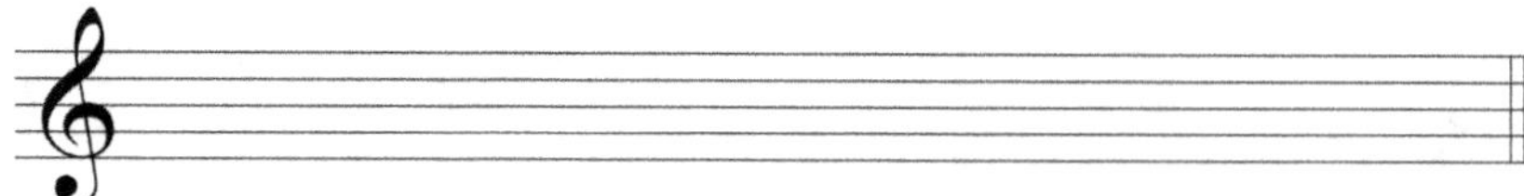

TP 11d 09

Partiendo de C°, para ir a Ab:

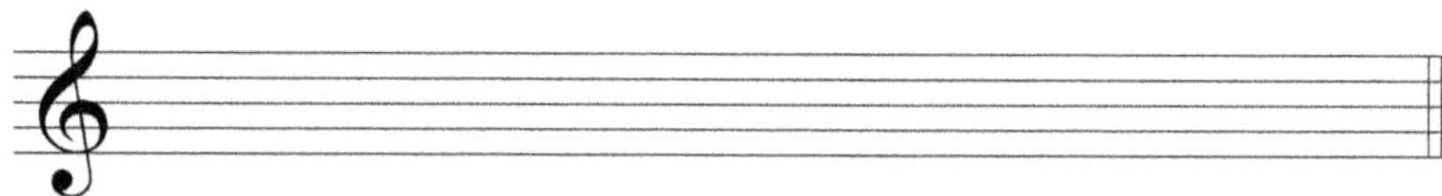

TP 11d 10

Partiendo de C°, para ir a A:

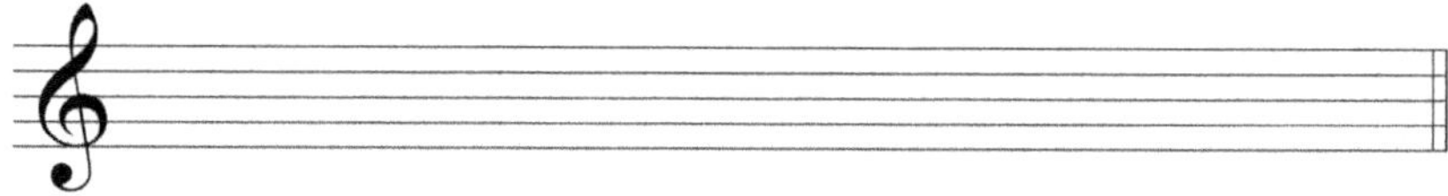

TP 11d 11

Partiendo de C°, para ir a Bb:

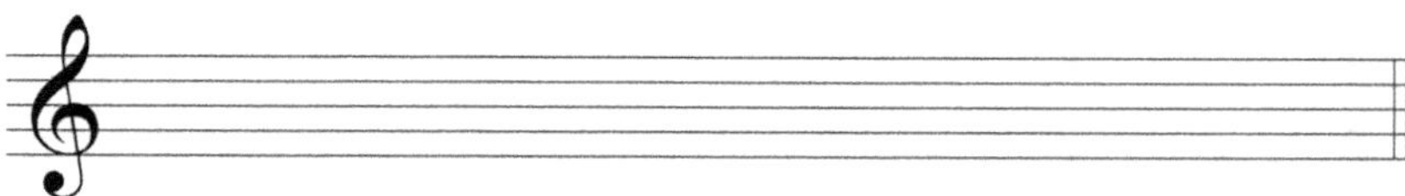

TP 11d 12

Partiendo de C°, para ir a B:

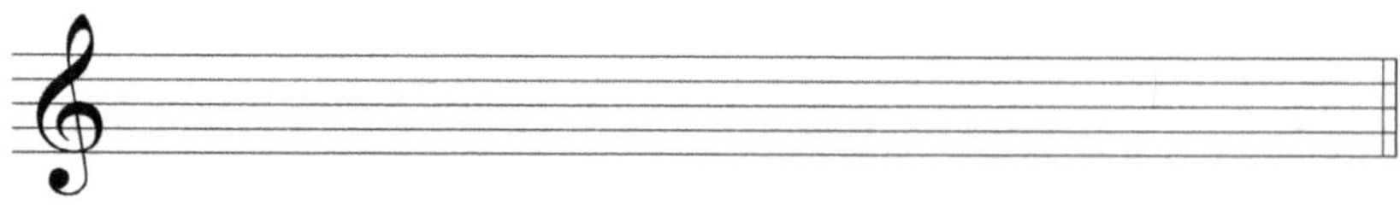

Trabajo Práctico N° 11e

Por último: C#º para ir a C y Db - D - Eb - E - F - F# - G - Ab - A - Bb - B !!!

TP 11e 01

Partiendo de C#º, para ir a C:

TP 11e 02

Partiendo de C#º, para ir a Db:

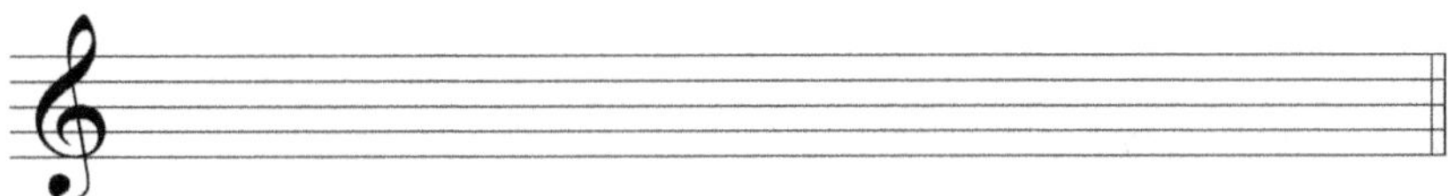

TP 11e 03

Partiendo de C#º, para ir a D:

TP 11e 04

Partiendo de C#º, para ir a Eb:

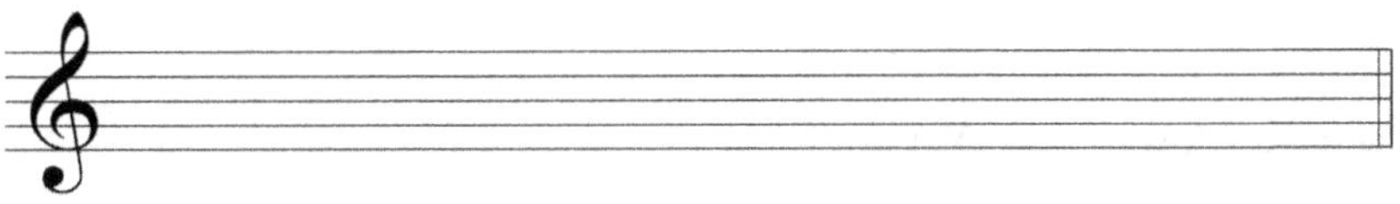

TP 11e 05

Partiendo de C#º, para ir a E:

TP 11e 06

Partiendo de C#º, para ir a F:

TP 11e 07

Partiendo de C#º, para ir a F#:

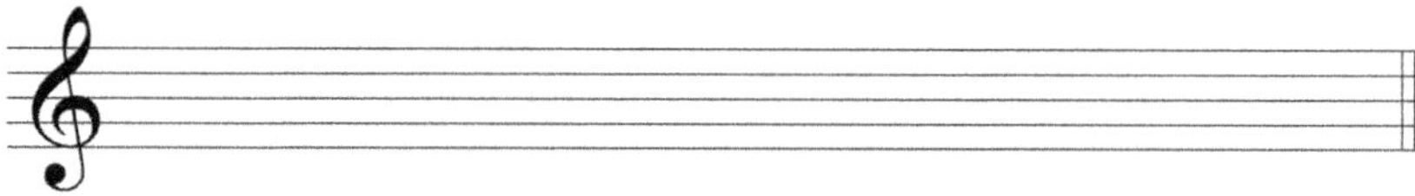

TP 11e 08

Partiendo de C#º, para ir a G:

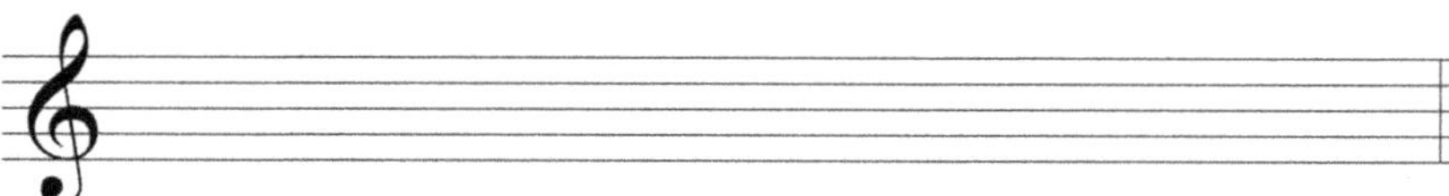

TP 11e 09

Partiendo de C#º, para ir a Ab:

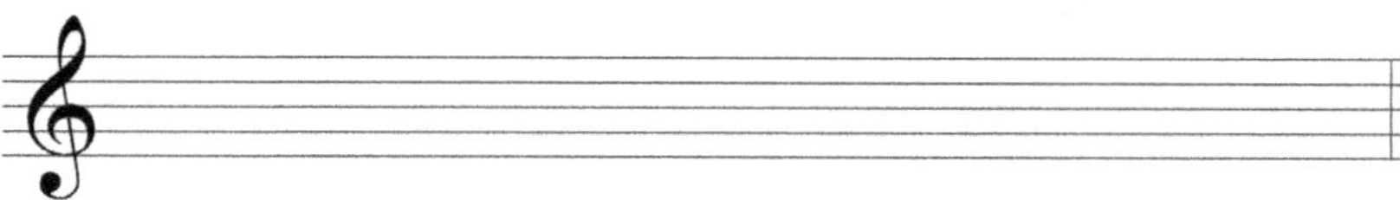

TP 11e 10

Partiendo de C#º, para ir a A:

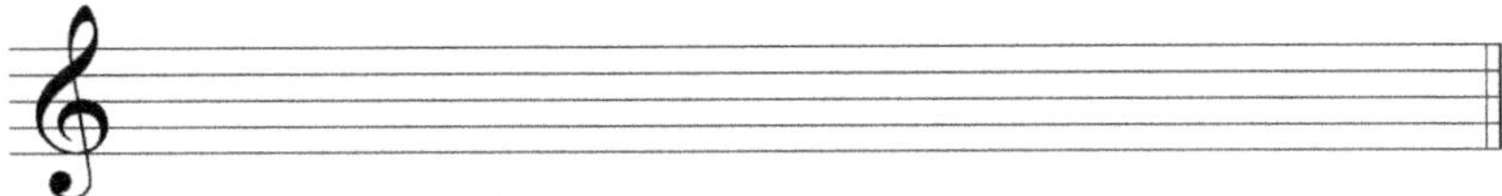

TP 11e 11

Partiendo de C#º, para ir a Bb:

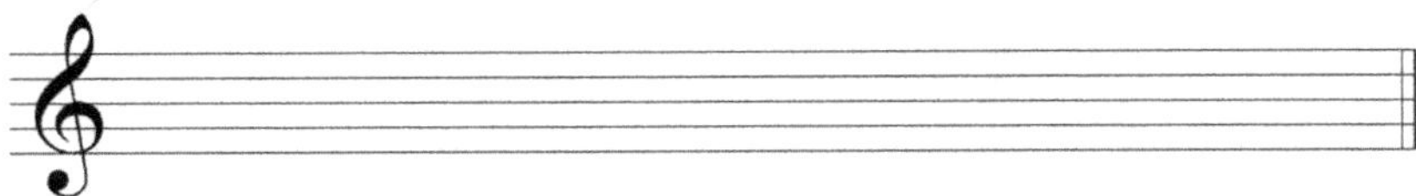

TP 11e 12

Partiendo de C#º, para ir a B:

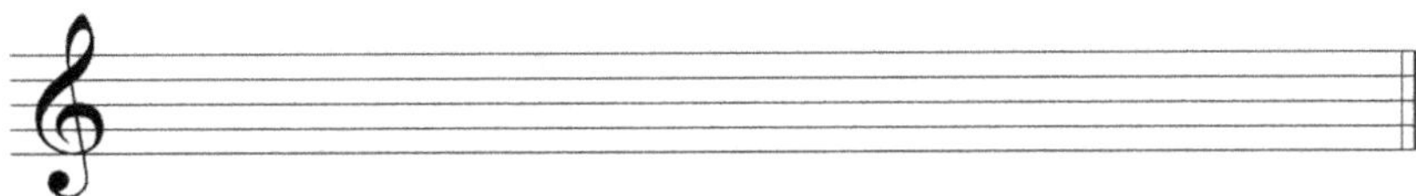

Conclusiones

Hemos comprobado que con el **Xº** (séptima disminuida) podemos ir a T12.

Hemos comprobado que el Sistema Tonal visto desde la idea de EJE, tiene distancias entre las Tonalidades que son relativamente fáciles de pensar. De hecho, podemos ir de cualquier tónica a cualquier otra tónica en tres pasos -máximo-.

Modular, por lo tanto, es muy sencillo. (Visto como lo hemos visto).[9]

Entendemos porqué Mozart, y también Schubert en su plenitud, escriben muchas obras en Do M o en La m: es que habiendo descubierto las posibilidades de modulaciones cromáticas, era mejor comenzar en un tono "neutro" en cuanto a la cantidad de alteraciones!

También en música popular hay gran cantidad de ejemplos de libertad en cuanto a modulaciones: baste decir que lo que se consigna desde el punto de vista de cierta teoría

9 Si a cualquier Tónica se puede llegar desde cualquier otra Tónica en solo tres acordes... ¿dónde fue a parar la idea de Tonos Cercanos o Lejanos? ¡Se volatilizó!

como mayor distancia (modular a 7 alteraciones de distancia) es simplemente subir o bajar un semitono!

Como dijimos al comienzo, esta es una de las grandes herramientas de la armonía cromática.

Por eso los románticos (siglo XIX) hablan de Pan Tonalidad o Tonalidad Expandida.

La sola idea de que con un solo acorde, uno puede definir como nueva Tónica a cualquier nota de la escala Cromática, es algo que nos dá una enorme sensación de libertad.

La libertad consiste en tener posibilidades.

Interludio

Una consideración sobre educación

Como dije recién, la libertad consiste en tener posibilidades.
Para tener posibilidades es necesario tener herramientas, y conocimiento para usarlas.

Información
+
Herramientas
+
Práctica

Conocimiento Incorporado

y luego, más:

Conocimiento Incorporado
+
Reflexión e Intercambio con otros

Oficio en el tiempo, que es igual a Cultura y Tradición

Mientras masticás estas ideas, y estás de acuerdo o no, o más o menos, sigamos avanzando.

Parte IV

Estructuras de función fija y estructuras de función variable

Sensibilizaciones gravitatorias y direccionales

Las secuencias que vimos en la etapa anterior intercambian los roles de dominante, es decir que sensibilizan a la tónica secundaria con una fuerza que llamamos gravitatoria, proponiendo a la fuerza de la gravedad como metáfora de la atracción del V al I.

Las sensibilizaciones direccionales en cambio operan a través de una pequeña mutación en la estructura del acorde, y como consecuencia genera una sensibilización hacia una sola nota del próximo acorde, sin que sea primordial la relación interválica entre las fundamentales.

14. Segundo Napolitano = Segundo Descendido

Es un acorde que da un *color nuevo a la SubDominante.*

El **II Napolitano** no es otra cosa que el **II descendido**: se desciende un semitono la fundamental, por lo tanto:

- En el Modo menor el hecho de descender la fundamental del II grado un semitono convierte automáticamente al acorde en mayor. Ejemplo en Am: el II Nap es Bb.
- En el Modo Mayor hay que descender también la quinta del acorde para que no quede un acorde de quinta aumentada. Ejemplo en C: el II Nap es Db.
- En muchas obras de música clásica, se utiliza en primera inversión y con la tercera duplicada.

Vamos a empezar utilizándolo del modo más sencillo: tomando alguno de nuestros ejercicios ya hechos, vamos a buscar alguno que tenga el **II** natural entre sus acordes, y lo vamos a reemplazar por el **II Nap** (en el teclado[1] puede resultar mejor hacerlo en **primera inversión**, es decir, en sexta).[2]

En realidad, los grandes compositores no sólo lo han usado así, sino que lo han puesto a veces en estado fundamental. También muchas veces el **II Nap** aparece con su séptima. Una cadencia típica es:

		II_6 Nap	**V**	**I**
Pista 84	Do Mayor:	**Db/F**	G7	C
Pista 85	La menor:	**Bb/D**	E7	**Am**

1 En la guitarra suele ser más simple y más contundente hacerlo con el acorde que corresponda completo.

2 También, si estás teniendo en cuenta la conducción de voces cuando armas la armonía, vamos a duplicar la tercera. La duplicación de la tercera es para que no genere problemas de paralelismo de quintas y octavas.

Otro modo de cadenciar puede ser

		II_6 Nap	I^6_4	V_7	I
Pista 86	Do Mayor:	**Db/F**	**C/G**	**G7**	**C**
Pista 87	La menor:	**Bb/D**	**Am/E**	**E7**	**Am**

¡Vamos, juventudes estudiantiles!, prueben como suena también en otras tonalidades!

Para ejercitarnos en el uso del "**II Nap**", haremos una serie de melodías donde vamos a encontrar este acorde en los momentos cadenciales.

Trabajo Práctico N° 12a

Elaboración de Melodías con armonías que incluyen **II Nap**:

- Construir una melodía.
- Detectar Ur Melodie.
- Establecer segunda melodía.

Trabajo Práctico 12a. Ej. 01, en modo menor

Pista 88

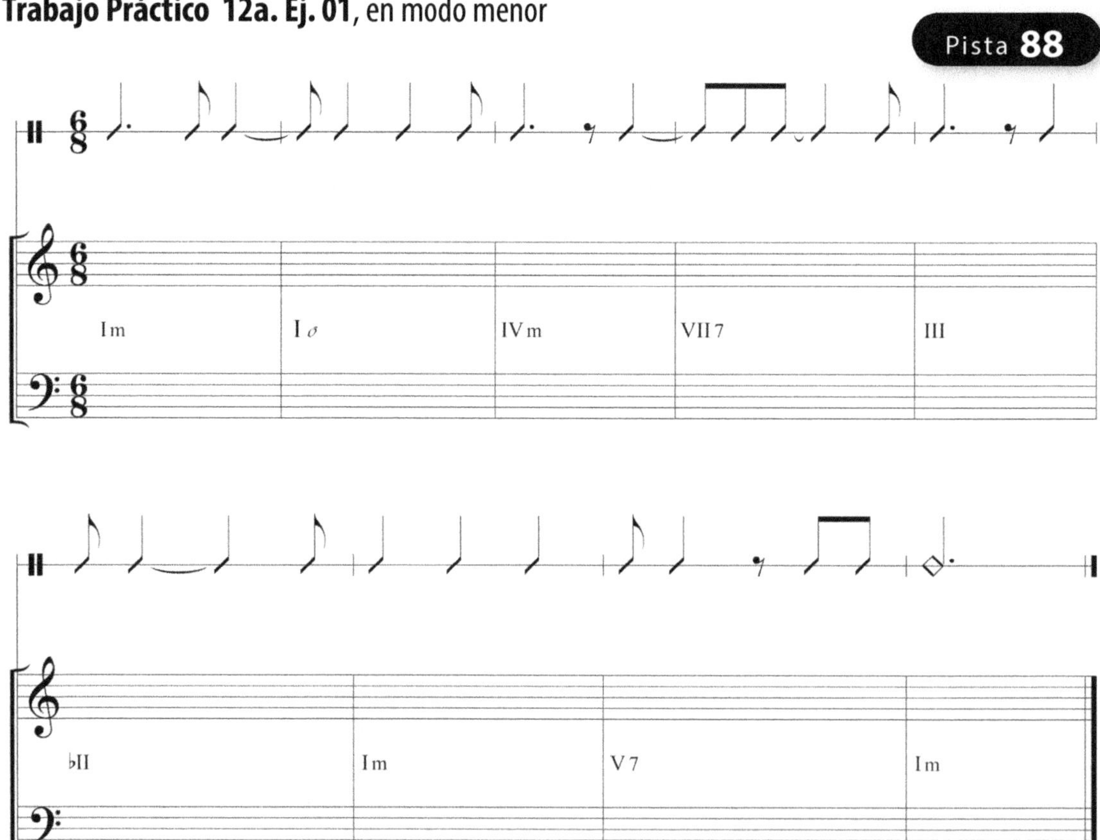

TP 12a. Ej. 02, en Modo Mayor

Pista 89

Trabajo Práctico 12. Ej. 03, en modo menor

Pista 90

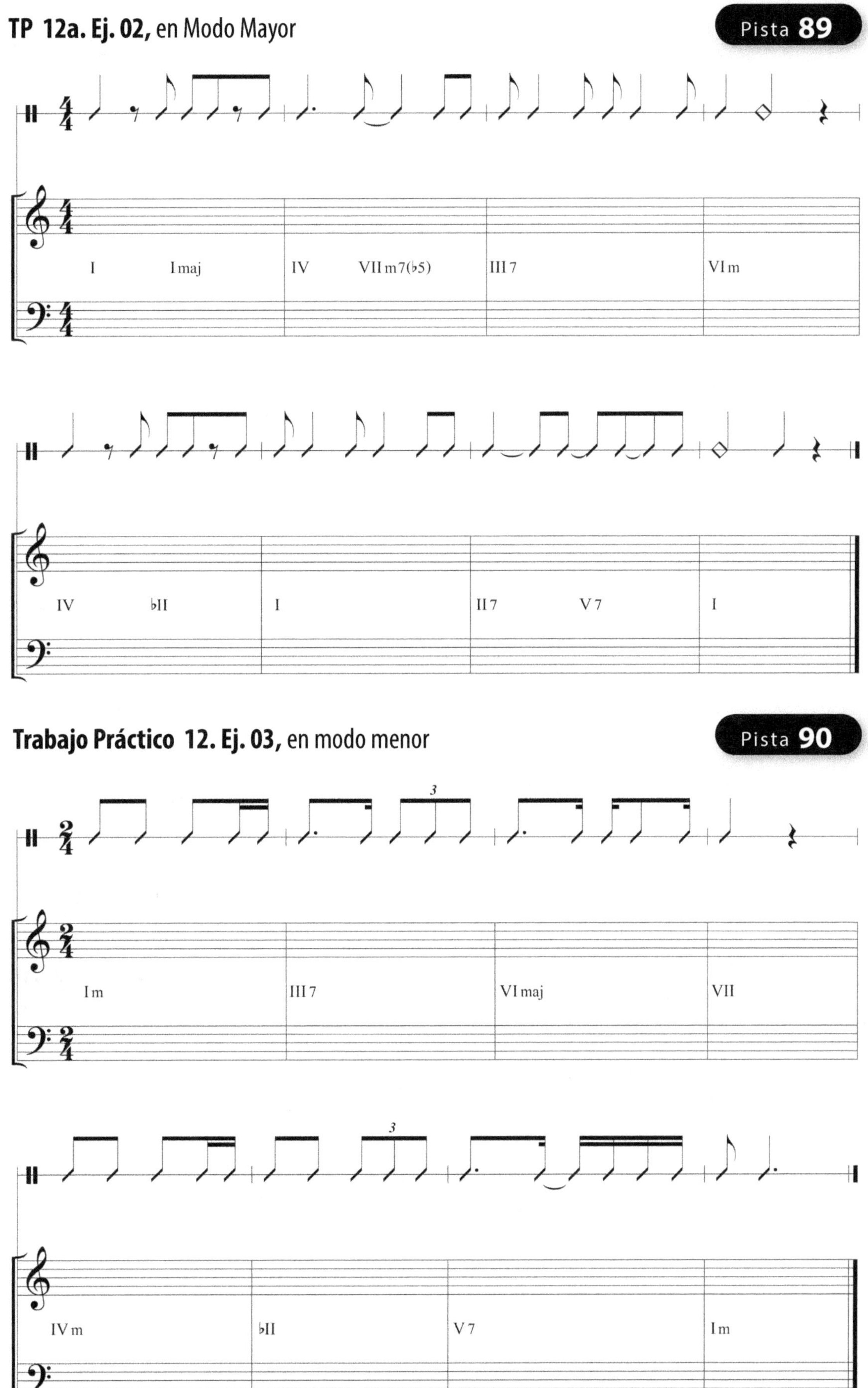

TP 12a. Ej. 04, en Modo Mayor

Pista **91**

Trabajo Práctico N° 12b: Melodías para armonizar

Seguimos la metodología de página 30, en el momento de hacer reemplazos, estamos al juego de usar el **II Nap.**

TP 12b, de Schumann (lieder)

Pista **92**

3 De un viejo libro de cánones construidos a partir de melodías de grandes compositores.

15. Acorde de Sexta Aumentada También conocido como "Dominante con Quinta bemol" y "Sustituto Tritonal"

Advertencia: merece un trato especial, porque es un acorde que se puede construir de varias maneras.

En primer lugar te propongo algunas definiciones, después los ejemplos comenzarán a aclarar tus dudas. Lo vamos a ir desarrollando (o desenrollando) de a poco.

El acorde de **Sexta Aumentada** se arma[1] sobre el **II Dominante** (con quinta bemol) de una tonalidad Mayor o menor.

Pero para comprender bien las tensiones internas, fijate cuál es la **Sexta Aumentada**: se forma entre la tercera y la quinta del acorde de II. Esas dos notas funcionan como sensibles superior e inferior de la Fundamental del V.

Otra vez: este acorde tiene por objeto **sensibilizar** a la **Fundamental del V**: tiene dos notas que van a ella por semitono.

Sexta Aumentada en dos voces

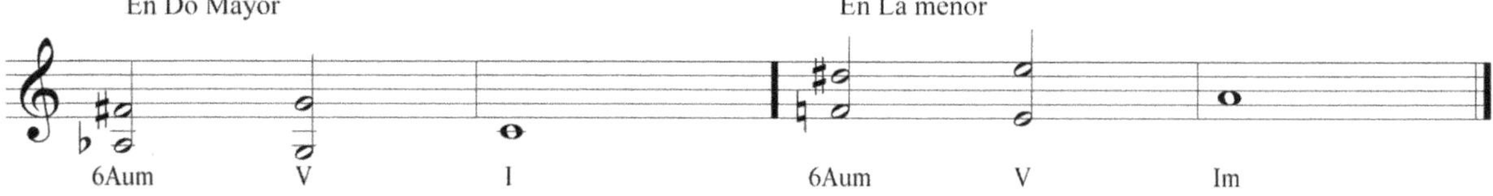

Como lo vemos, decimos **Sexta Aumentada** y no tercera disminuida porque es más simple de ver y oír.

Por el movimiento que vemos que realiza cada una de las notas, para que la sexta aumentada se oiga claramente, es necesario poner la quinta descendida del acorde en el bajo. (siguiendo en Do Mayor, el La bemol abajo).

1 Lo aprendemos así, luego lo aplicarás de muchas formas.

Como siempre, si bien esta es una regla general, cabe aclarar que los Maestros (Bach, Mozart, Beethoven, etc.) no siempre respetan esta consideración académica y lo ponen como le viene cómodo a su intención.[2]

Ahora el armado interno de todo el acorde que contiene la **Sexta Aumentada.**

> El acorde de **Sexta Aumentada** puede ser visto como un híbrido entre el **II Nap** y el **IIe**.

Del **II Nap**. toma lo descendido (la quinta); y del **IIe** toma la tercera mayor (ascendida). Y las tiene a ambas.

Cifrados

En cifrado académico, (romano) lo ciframos **IIe 6Au** o bien **$II^{ø}$ 6Au.**

En cifrado americano lo ciframos X_{5b} o bien $X_{7(5b)}$

Aquí va cómo se arma en Do Mayor, en estado fundamental.

Sexta Aumentada: construcción

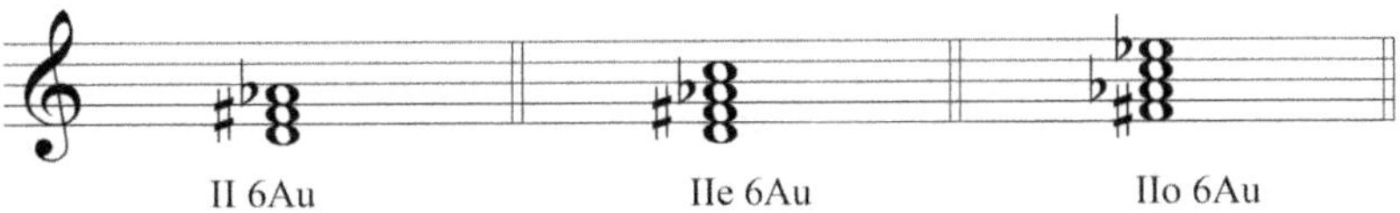

La diferencia entre las tres variantes de este acorde consiste en su mayor o menor tensión interna. Si hasta acá vamos bien, avanzamos a nuestros ejemplos con acordes completos y sonando[3]:

---

2 En algunos programas de armonía de las Casas de Estudios oficiales se distingue entre sexta aumentada italiana, francesa y alemana. Porque como no se contempla en los programas el hecho de que los acordes puedan tener su fundamental omitida (se los llama "sensibles secundarias"), se cree que la sexta aumentada se puede hacer sobre el II o bien sobre el IV ascendido.

3 En los ejemplos gráficos y las Pistas de referencia los acordes están en inversión, para que se perciban más claramente los extremos del acorde. El cifrado, en cambio, no contempla las inversiones para no distraer la atención del tema central.

Sexta Aumentada en IIe, en Do Mayor y La menor

Pista **95**

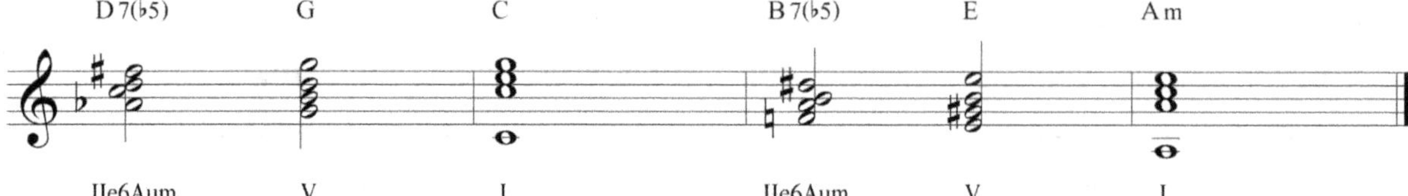

Sexta Aumentada en II$^{\emptyset}$, en Do Mayor y La menor

Pista **96**

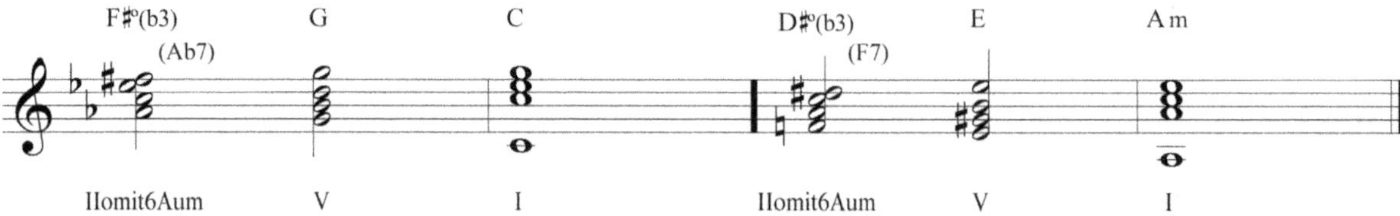

Sustituto Tritonal

Se dice que una dominante **X** puede ser sustituida por otro acorde de Dominante construido sobre una nota que esté a un tritono de distancia de la Dominante que correspondería.

Siguiendo en **C**:

> en el caso de **D_7** dominante Secundaria de **G**, podriamos sustituir a **D_7** por **Ab_7**.
>
> **Ab_7**, como acabamos de ver es coincidente con **$D_{9(5b)}$ con fundamental omitida**.

De otra manera:

Como se manifiesta en el reciente ejemplo gráfico y Pista de Sexta Aumentada en II$^{\emptyset}$, este acorde tiene las mismas notas que el VIe descendido.

Y sí, en realidad el **Sustituto Tritonal**, más que sustituir las notas, lo que hace es **reinterpretar las direcciones**.

Enarmonizar hace que resulte más sencillo leer el acorde, e interpretar el cifrado.

De hecho, es mucho más fácil cifrar como **VI descendido** que como **II$^{\emptyset}$ 6Au**, si hasta el nombre es complejo!

En la secuencia de cifrado americano quedaria asi

Ab7	G7	C
F7	E7	Am

Te sugiero que, para conocer mejor cómo funciona este acorde, armes la secuencia de los ejemplos. Primero tal como están y, luego, transportándola a otras tónicas.

Vamos a comenzar la práctica, para poder comenzar a incorporar este acorde con tanto carácter![4]

Lo vas a usar a discreción, con o sin Fundamental Omitida, por eso te sugiero que toques las diversas alternativas según tu comodidad, que te permitas ir entendiendo como funciona.

Trabajo Práctico N°13a

- Elaboración de melodías, como siempre.
- Descubrir la Melodía Base.
- Elaborar la segunda melodía.

TP 13a. Ej. 01, modo Mayor

Pista **97**

4 De todos los contenidos del libro, éste es uno de los más complejos. Trabajá con tranquilidad, con aplicación, sabiendo que este acorde es una herramienta que lleva mucho tiempo para ser incorporada.

TP 13a. Ej. 02, modo menor

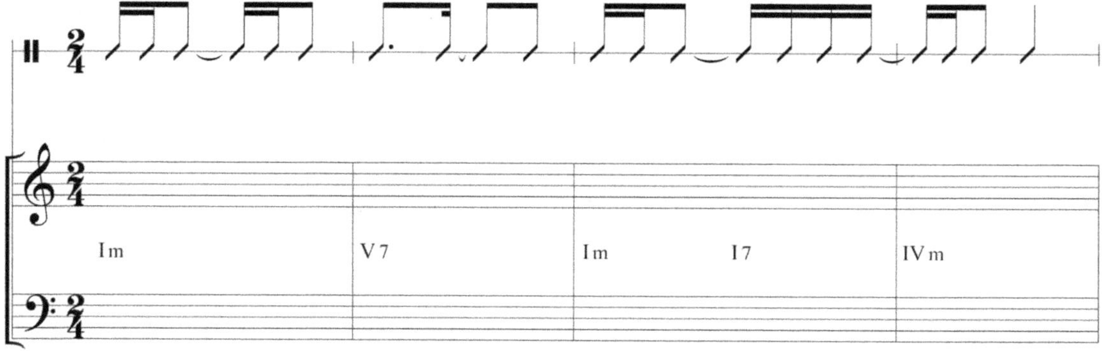

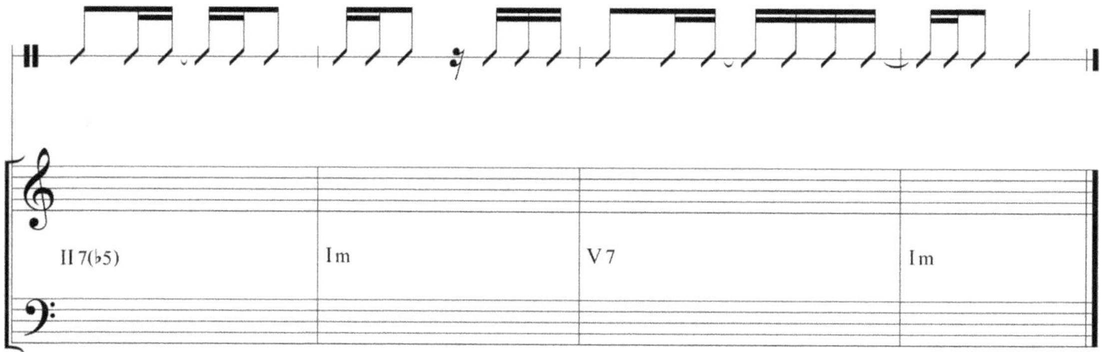

TP 13a. Ej. 03, modo Mayor

Pista 99

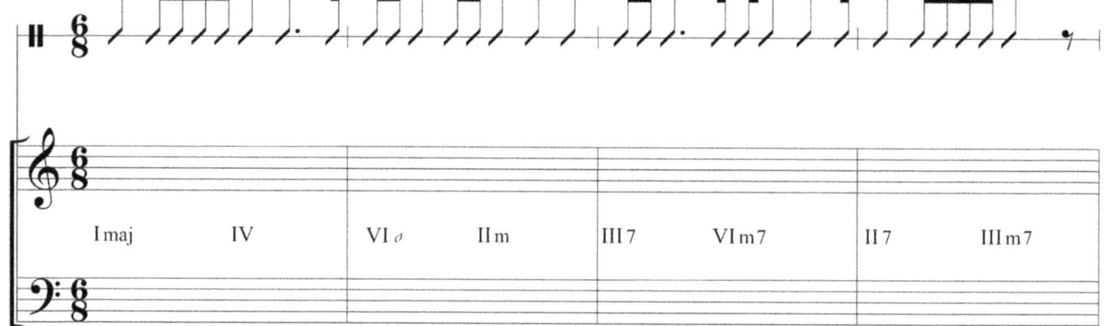

Un pequeño alto en el camino, para mirar para adentro

Técnicas de Creatividad Musical. Te dá la sensación que tus melodías se parecen? No pregunto si son iguales, ni lindas, ni feas. Pregunto si te parece que tienen cierta genética común.

¿Estará aflorando algo que se puede llamar estilo?

Las respuestas de hoy, probablemente sean distintas a las mismas preguntas, mañana. Nunca se trata de juzgar desde el punto de vista estético, y menos, moral.

Este es un juego creativo del que nos servimos para profundizar contenidos!

Pero aunque es un juego creativo, las ideas musicales siempre tienen vida propia, sean como sean y parezcan lo que parezcan.

Por eso, más que juzgar lo que producimos, debemos tratar de ser fieles a nuestras ideas como son.

Como decía el Maestro:

coherencia = fluidez

fluidez = coherencia

Por eso: ¡Cuidado!

Tratá de "seguirle los pasos" a tus ideas. Uno tiene que intentar escribir la idea como va naciendo, y sólo conviene intervenir si es para colaborar con ella o mejorarla, no para "manipularla".

TP N°13b: Melodías para armonizar

Para aplicar en la armonización nuestra nueva herramienta: ¡el acorde de Sexta Aumentada!

TP 13 b, melodía 01. Schumann Lied.

Pista **100**

TP 13 b, Schumann Lied.
Pista 101
TP 13 b, melodía 03. Schubert Lied.
Pista 102

16. Acorde con Quinta Aumentada

Como su nombre lo indica, este acorde está compuesto por dos terceras mayores consecutivas, y tiene por lo tanto una **Quinta Aumentada (5+ o 5Au)** desde su fundamental a la quinta.[1]

Hasta bien entrado el Romanticismo no es usado con séptima.[2]

Construcción

Hay básicamente dos modos de formar un 5+ :

- Si el acorde es **Mayor**, consiste en **ascender un semitono la quinta**. De ese modo, se transforma en sensible al grado conjunto superior sin importar demasiado a qué acorde va.
- Si el acorde es **menor**, consiste en **descender un semitono la fundamental.**

Ejemplos de construcción Quinta Aumentada[3]

Pista 103

C	C5+	F (/C)
A	Ab5+	C (/G)

Los dos ejemplos se pueden tocar de "ida y vuelta", terminando en el mismo acorde que comenzamos. (Cientos de boleros y baladas así lo testifican).

Si bien propongo estos ejemplos, el 5Au es una estructura aplicable a cualquier acorde.

Y por eso, porque es un acorde fácil de aplicar, iremos sin más a la práctica.

---

1 Siempre aconsejable repasar la presentación de acordes en la página 67.

2 En fin, en realidad, siempre hay excepciones, pero por ahora no las encontré.

3 Estas secuencias están a modo de ejemplo, luego de los ejercicios, ustedes tendrán la posibilidad de jugar, probar y experimentar cómo usar este recurso del Acorde con Quinta Aumentada.

Trabajo Práctico Nº 14a

Por el momento y hasta que se alcance cierta destreza en su manejo, lo usaremos generando un contexto mínimo: es decir como mutación de un acorde.

Dicho de otra manera: primero colocaremos el grado tal como es, luego aparece la quinta Aumentada y luego resuelve.

- Elaboración de Melodías.
- Ur Melodie.
- Elaboración de la segunda melodía.

TP 14 a Ej. 01, modo Mayor

Pista **104**

TP 14 a Ej. 02, modo menor

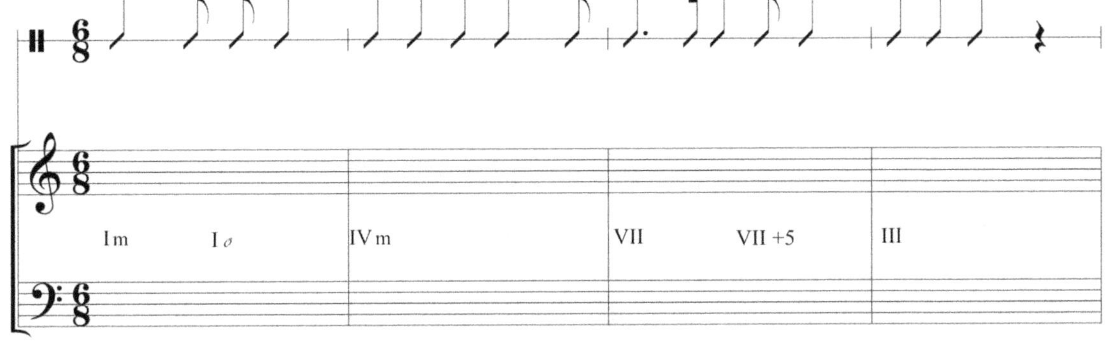

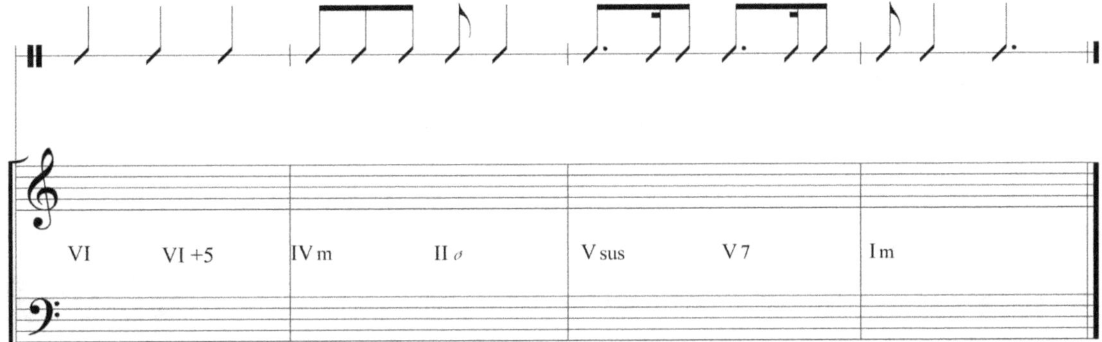

TP 14 a Ej. 03, modo Mayor

Pista 106

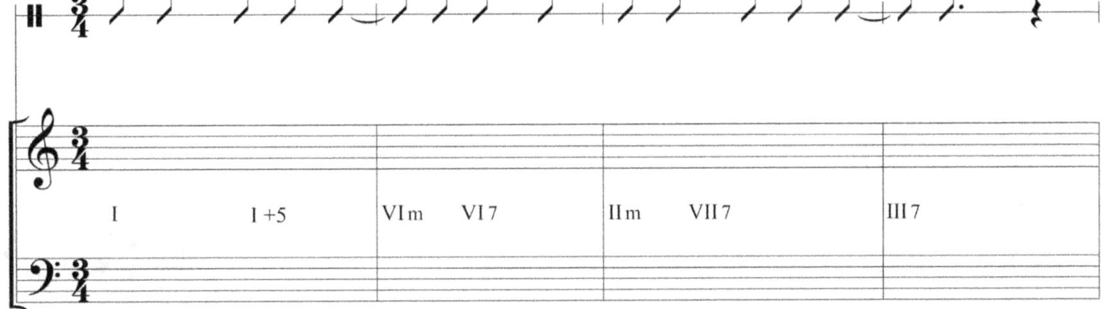

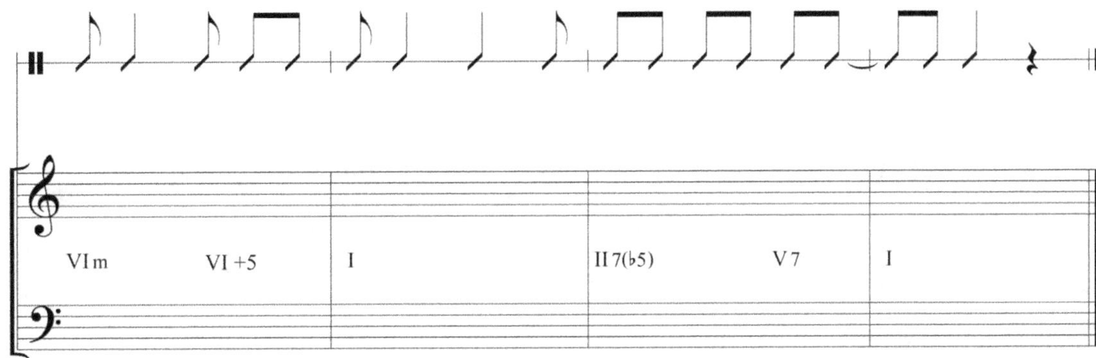

Trabajo Práctico Nº 14 b

Resoluciones libres

Este acorde tiene la posibilidad de aflojar la tensión que crea de varias maneras.

Si cualquiera de sus notas sube o baja un semitono se transforma en una tríada estable.

Esa característica lo hace muy versátil, y puede resolver en más de una tonalidad, con implicancias similares al Séptima Disminuida.

Si tu voluntad y tu sed de experiencias están intactas, te propongo hacer un trabajo similar a la serie TP 11, y resolver X 5Au en las 12 Tónicas posibles.

¿Cuál Quinta Aumentada? ¡Cualquiera!

Si no sabés cuál elegir, te propongo C5+

C5Au para ir a C, y también a Db - D - Eb - E - F - F# - G - Ab - A - Bb - B !!

Te propongo dos ejemplos como para dar el puntapié inicial.

TP 14b 01

Pista **107**

Partiendo de C5Au, para ir a C:

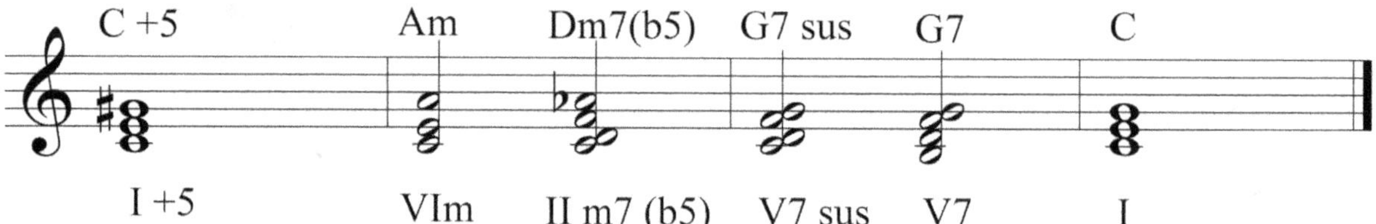

TP 14b 02

Partiendo de C5Au, para ir a Db=C#:

Pista **108**

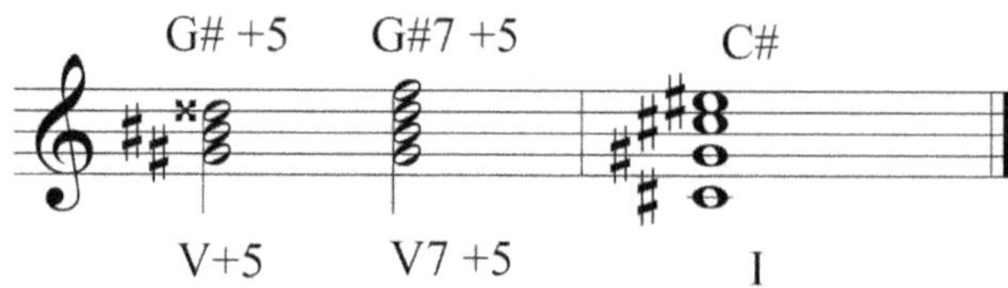

El G#+5 es enarmónico con C+5. ¡Atención a las enarmonías! Las habrá.

TP 14b 03

Partiendo de C5Au, para ir a D:

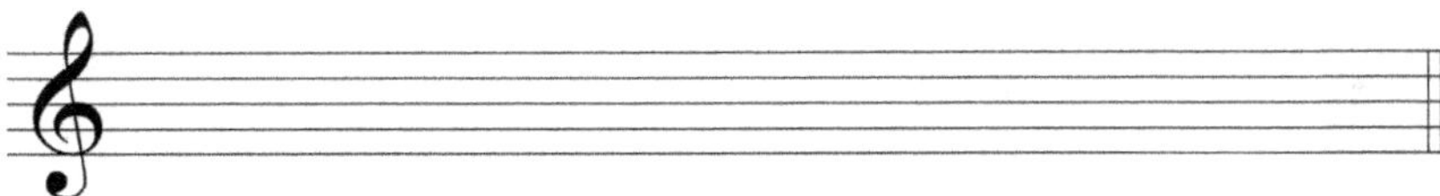

TP 14b 04

Partiendo de C5Au, para ir a Eb:

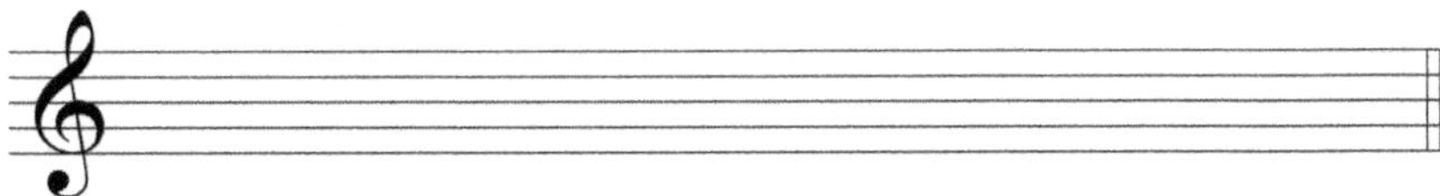

TP 14b 05

Partiendo de C5Au, para ir a E:

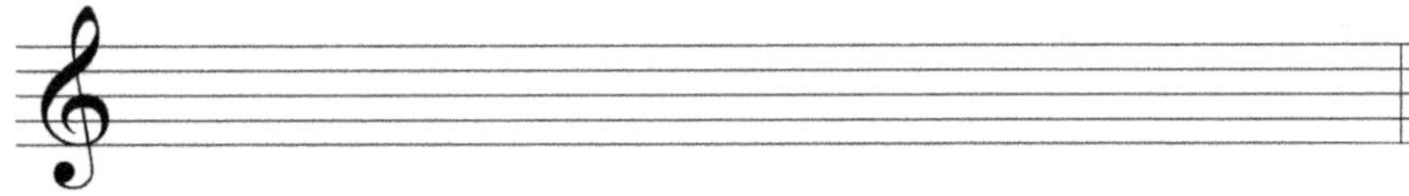

TP 14b 06

Partiendo de C5Au, para ir a F:

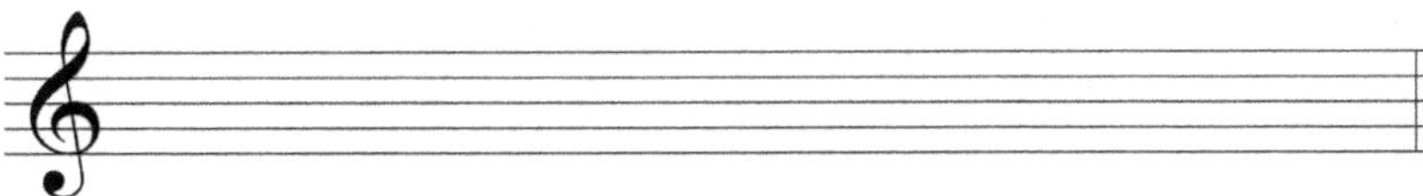

TP 14b 07

Partiendo de C5Au, para ir a F#:

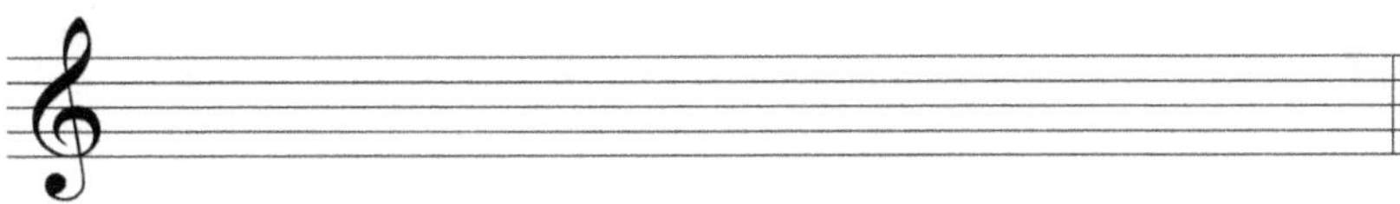

TP 14b 08

Partiendo de C5Au, para ir a G:

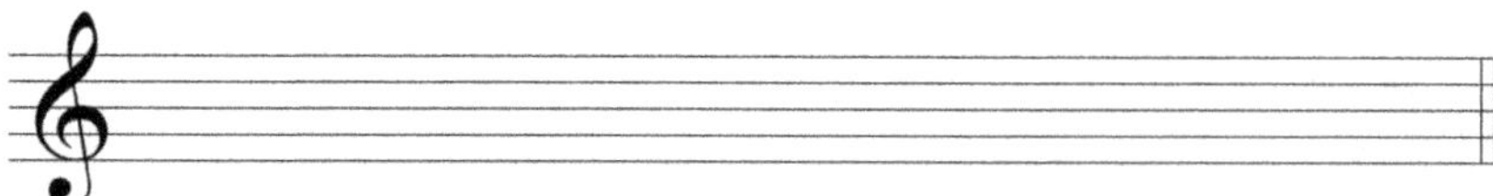

TP 14d 09

Partiendo de C5Au, para ir a Ab:

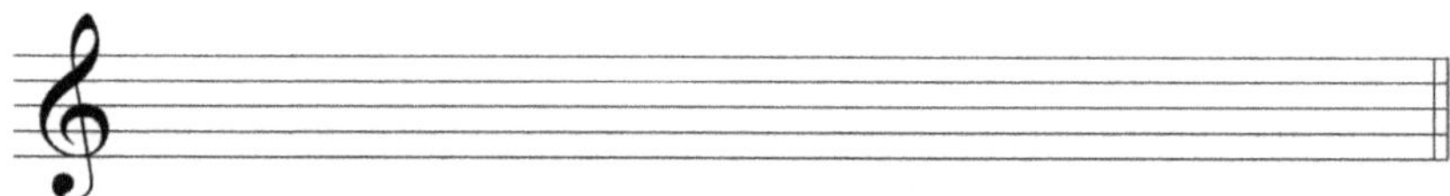

TP 14b 10

Partiendo de C5Au, para ir a A:

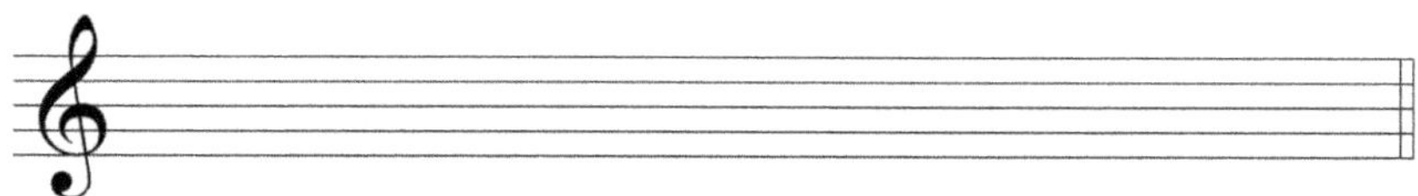

TP 14b 11

Partiendo de C5Au, para ir a Bb:

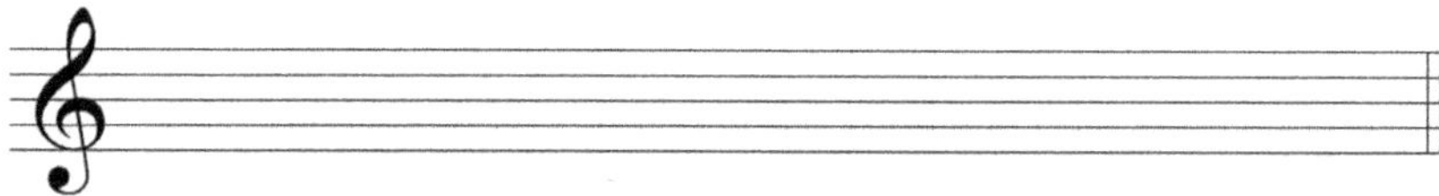

TP 14b 12

Partiendo de C5Au, para ir a B:

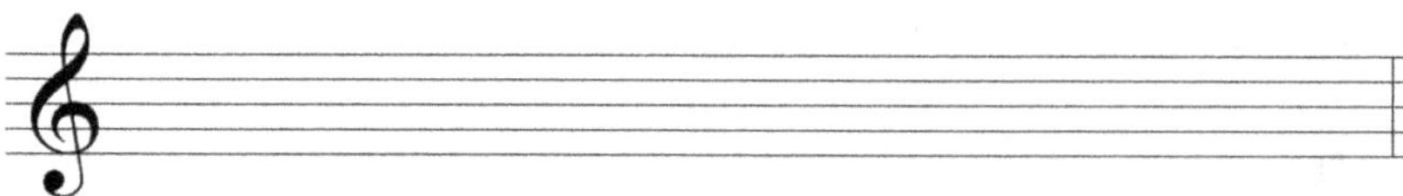

Por último, si usted quiere, puede repetir el juego partiendo de otro 5Au.

17. Melodías para armonizar

Por último, para dar un cierre a esta etapa, le pondremos acordes a algunas melodías ajenas y luego vamos a seleccionar algunas de nuestras primeras elaboraciones y las vamos a rearmonizar, tratando de utilizar todos los recursos que hemos aprendido.

Trabajo Práctico Nº 15

1 Por una cuestión de estilo, este compás se puede marcar en corcheas y no en negras.

No está de más repetir que para completar y "asentar" un conocimiento cabal de lo visto y, sobre todo, aprender lo que NO se nos ocurre, recomendamos el análisis profundo de las obras de los grandes Maestros.

Parte V

La construcción de la narración armónica pura

Elaboraciones cuatro partes. Laboratorio

¿Se puede contar una historia a partir de un aspecto de la música?

Entendemos que sí. Se puede contar una historia -es decir que puede haber una narrativa estética- formada solamente por ritmos o melodías o armonías o timbres.

Por eso propongo como última etapa recapitular todos los trabajos prácticos desde la elaboración a cuatro voces.

En esta última etapa volvemos a la esencia.

Aclaración útil: Partes, voces, sonidos y notas son sinónimos en este contexto.

Qué es la elaboración a cuatro partes

1. Para decirlo de un modo rápido, vamos a escribir para "coro" a cuatro voces, en redondas. Serán series de acordes de cuatro sonidos, (acordes en serie, como cuando armamos cadencias en el **Capítulo 10**. Cada uno de estos cuatro sonidos es una voz, por lo tanto, estaremos manejando cuatro Ur Melodie simultáneas.
2. Hay que imaginar que cada nota de cada acorde está siendo cantada por una persona. Por eso hablamos de "conducción" de las voces.
3. Todos los acordes de la cadena que se arme serán de igual duración, para dedicarnos solamente a enlazar un acorde con el siguiente sin preocuparnos por lo rítmico.
4. El modelo de este tipo de construcciones está dado por J. S. Bach en sus Corales.

El hecho de tener que conducir cuatro voces simultáneas tiene algunas características especiales y genera cierto tipo de problemas. Aquí te doy un encuadre general.

Nombres de las voces

Cada uno de los sonidos (voces) de los acordes tiene un nombre, que tomamos de los registros de la voz humana:

- El más grave: Bajo
- El siguiente: Tenor
- El tercero: Contralto
- El más agudo: Soprano

En armonía siempre se lee de grave a agudo, de abajo para arriba, pero las voces se enlazan bajo con bajo, tenor con tenor, etc.

Posición e Inversión

Decimos que la posición del acorde es según cuál es la nota más aguda.

Así, si en la soprano está la Fundamental, diremos que el acorde está en posición de Octava. Si, en cambio, la nota superior es la Tercera, diremos que el acorde está en posición de Tercera, etc.

$\mathbf{I^8}$, $\mathbf{I^3}$, $\mathbf{I^5}$.

Por las dudas: llamamos **inversión** al hecho de que una nota que no es la fundamental esté en el Bajo.

Conducción de las Voces

Personalmente no creo en el carácter moral de la música, por lo tanto más que pensar que hay cosas que "están mal" y otras que "están bien": pienso que los movimientos de las voces generan situaciones. En el fondo el tema es la claridad en la narración.

Pero como una narración que pretende ser artística no es ni un manual de uso ni un informativo, todo es muy relativo. Por eso te pido que pruebes cada cosa de varias maneras, eso es lo que más educa el oído. No tiene sentido que te digan que no se puede hacer esto o aquello, o que tal cosa suena mal. Lo importante es que la experiencia ordenada lleve a formar criterio.

En general cuando decimos "me gusta" queremos decir "lo entiendo".

La ejercitación y la formación están dirigidas a trabajar la percepción y al criterio personal, para que siempre más tomemos opciones que le convienen al discurso musical que estamos haciendo.

Al final de esta sección habrá un diálogo que echará un poco de luz al respecto.

Cómo hacer en el teclado:

para tocar los ejercicios al piano haremos lo siguiente:

- **M. Izquierda**: el bajo (al principio la fundamental de cada acorde)
- **M. Derecha**: tres notas (tratar de duplicar la fundamental)

Ubicar la mano derecha aproximadamente en el registro central y tratar de que los dedos vayan a la nota más cercana del próximo acorde.

Movimiento de voces:

- **Directo** es cuando dos van para la misma dirección
- **Oblicuo** es cuando una voz repite la nota y otra sube o baja
- **Contrario** es cuando una sube y otra baja

Reglas Básicas

- ¿Tengo sonido común entre un acorde y otro? Lo ligo.
- Ley del camino más corto: ¿cuál es la nota más cercana del próximo acorde? Ir a ella.
- Tratar de duplicar siempre la fundamental y de que los acordes estén completos.

El resto de la "leyes" se aprenderán trabajando, es decir, al oír y cantar los acordes y las voces. Es indispensable entrenarse con paciencia y constancia. No se aprende en la primera vez. El método es "Prueba - Error - Prueba - ... ir Acertando".

Consejos útiles para la conducción de las voces (Para leer ahora y repasar más adelante)

Duplicaciones

Los acordes comunes (tríadas) tienen, como su nombre lo indica, tres sonidos.

¡Oh! problema: nosotros debemos hacer ejercicios a cuatro partes, luego es indispensable duplicar una de las tres notas que tenemos.

Siempre que se pueda, es conveniente tratar de duplicar la nota que más colabora al equilibrio interno del acorde y a la claridad de su función (casi siempre la Fundamental).

Si esto es imposible, duplicar la que menos perjudica.

En el caso del **V** no conviene duplicar la tercera, es decir la Sensible de la Tonalidad.

Pero en el resto de los acordes, no hay problema.

> **Valga la salvedad**: en algunas oportunidades es posible triplicar un sonido en beneficio de un pasaje. Se trata siempre de evitar el mal mayor (lo confuso), si lo óptimo no es posible. Como el contexto es el que manda, en lugar de decirte lo que "en general" conviene en cada caso, otra vez apelo a tus ganas y a tu oído (y si tenés a quien consultar, la guía de un docente) para que vayas descubriendo tus soluciones óptimas para cada caso particular.

Con respecto a los acordes de cuatro sonidos (séptimas) tenemos un sonido para cada voz, pero no todo está resuelto. Hay casos en los que es conveniente omitir un sonido, por ejemplo la quinta, y duplicar otro (en general, la Fundamental).

Paralelismos

Se dice que están "prohibidos" los movimientos paralelos por quintas y octavas porque "quedan feos", "son huecos", etc. Como dije al comienzo, creo que la razón no es moral, o de efectos feos.

En el caso de las **octavas paralelas** perdemos una voz, porque al hacer dos personas el mismo movimiento se oye como si fuera una sola. Perder una de las cuatro voces por este motivo es demasiado.

Por esto, en el **V** tratamos por todos los medios de no duplicar la tercera, porque como la tercera es la Sensible Tonal, con marcha obligada sobre la Tónica, nos estamos forzando a duplicar el mismo movimiento.

Asimismo existen resoluciones excepcionales de la sensible: cuando no está en voces extremas, se la puede dirigir a la tercera o la quinta del acorde siguiente. Bach casi siempre lo hace en sus Corales.

En el V_7, en general la sensible que manda es la que está en la voz superior. La que está en voz intermedia suele resolverse excepcionalmente, y de esa forma los dos acordes quedan completos.

Con respecto a las **quintas paralelas,** la situación no es muy distinta. Pero además las quintas generan una fuerza adicional en la dirección que tengan, de modo que el enlace tiene mucho ímpetu, pero se pierde claridad en la nueva función (el nuevo acorde aparece inestable por el impulso que trae desde el anterior).

Por esto mismo, las octavas y quintas paralelas no dejan de ser un tipo de recurso expresivo. Como todo recurso, es válido si el uso que hacemos de él es buscado.

Diálogo que enmarca

—DAM: Lo más importante (en el fútbol) es ser claro.

—VHM: ¿Y la belleza?

—DAM: ¡Ah, más vale! Pero si nos sos claro, no tiene sentido que sea lindo.

Diego Armando Maradona, en diálogo con
Roberto Perfumo y Víctor Hugo Morales, 25-06-2005

Como corolario de esta sección, sería bueno que vuelvas a leer "Nota quasi una Fantasía": nota al pie página 35).

Esta serie de Trabajos Prácticos se llama "Laboratorio", porque su función es la de ayudarte a investigar.

Probando distintas alternativas con calma y el oído atento, podrás ir sacando tus conclusiones y eligiendo lo mejor en cada caso. A propósito de la calma, creo que el conocimiento no puede ser tratado como un objeto más de consumo.

El juego no consiste en resolver más cantidad de ejercicios, sino en resolverlos mejor.

Recordá que hay tres modos de hacer las cosas que no se pueden dar simultaneamente

TODO

RÁPIDO

BIEN

Porque

Si hacés	**TODO RÁPIDO**,	no estará todo	**BIEN**
Si hacés	**TODO BIEN**,	no lo harás	**RÁPIDO**
Si hacés	**BIEN Y RÁPIDO**,	no lo harás	**TODO**

Como dijo mi querido Maestro Jorge Martínez Zárate

"PASO A PASO Y ACABADAMENTE".

Vamos al trabajo

La ejercitación debe hacerse en distintas Tonalidades Mayores y menores, primeramente al piano (varias veces) y, después de tenerla clara y **de memoria**, por escrito. Si se te complica construir todo el ejercicio de memoria, dividilo en varias frases, de a 3, 4 o 5 acordes.

Te propongo comenzar del mismo modo que ya lo hiciste con la elaboración de melodías. Alternando distintas tonalidades Mayores y menores, de los acordes de I, de IV y de V, todos en estado fundamental y sólo cambiando las posiciones.

Ojo 1: Tratá de arreglártelas para no llevar todas las voces en la misma dirección en los enlaces de IV – V: ya que el bajo está obligado a subir, conviene mandar las otras tres voces para abajo, aunque no respetemos la Ley del Camino más corto.

Ojo 2: Poné especial atención al enlace IV - V en el modo menor por la segunda aumentada que se puede producir entre el sonido 6 de la escala y la sensible (el séptimo). Si están en la misma voz, hay que ascender también el 6° sonido de la escala para evitarla. Igualmente hay ocasiones en las que no se nota o uno no la oye bien... Por ejemplo, si se respira antes de completar el intervalo. Igualmente, si el bajo sube de IV a V y las voces superiores bajan, seguro que va a estar bien.

Ojo 3: Te aconsejo pasar cada ejercicio (en modo Mayor o menor) a cifrado americano, de ese modo vas a tener una guía y te vas a familiarizar con una herramienta cada vez más popularizada, incluso en la música académica.

Trabajo Práctico Nº 16: "Funciones básicas" c/u en Mayor y menor

1. I^{8}- V^{3} - I^{8} - I^{3}- IV^{8} -V^{5} - I^{3} - IV^{8} - V^{5} - I^{3}
2. I^{5} - IV^{8} - IV^{3} - I^{5} - V^{8} - I^{5} - IV^{3} - V^{8} - I^{5}
3. I^{3}- V^{5}- I^{8}- V^{3}- I^{8}- I^{3}- IV^{8}- I^{5}- V^{8}- V^{5} - I^{8}
4. I^{8}- V^{3}- I^{8}- IV^{5}- IV^{3}- V^{8}- V^{5} - I^{3}
5. I^{3}- IV^{8} - V^{5} - I^{8} - I^{3} - V^{5}- IV^{8} - IV^{3} - V^{8} - I^{5}
6. I^{5}- V^{8}- I^{3}- I^{8}- IV^{5} - IV^{8} - V^{7} - I^{3}
7. I^{3}- I^{5}- IV^{3}- IV^{5} - V^{3} - V^{5} - I^{8} - IV^{5} - V^{3} - V^{5} - I^{8}
8. I^{8}- IV^{5} - I^{8} - V^{5} - I^{3} - IV^{8} - V^{7} - I^{3}

Trabajo Práctico Nº 17: "Funciones básicas"

Usamos acordes invertidos

La ejercitación debe hacerse en distintas Tonalidades Mayores y menores, primeramente al piano (varias veces) y, después de tenerla clara y **de memoria**, por escrito.

1. I - V^{6}_{4} - I_{6} - IV - IV_{6} - V - IV_{6} - V - I

2. I - I_{6} - IV - V_{6} - I - I^{6}_{4} - V - I

3. I - IV - I - I_{6} - V^{6}_{4} - I - V^{6} - I - V - IV_{6} - IV - I^{6}_{4} - V - I

4. I - IV_{6} - I^{6}_{4} - V - I_{6} - I - IV - IV_{6} - V - V_{6} - I

5. I - V_{6} - V^{6}_{4} - I_{6} - I - IV_{6} - V_{4sus} - V - I

6. I - I_{6} - I^{6}_{4} - IV_{6} - IV - I_{6} - V^{6}_{4} - V_{6} - V - IV_{6} - IV - I^{6}_{4} - V - I

Trabajo Práctico Nº 18

En los acordes de **IV – V y I** están contenidos todos los sonidos de una tonalidad. Probá hacer un par de ejercicios construyendo una melodía de Bajos al piano y, a partir de ahí, armonizar con los grados usados. Luego, anotar el cifrado.

No exageres: para que el ejercicio salga bien, **en principio conviene que todos los acordes duren lo mismo, que la secuencia no sea (demasiado) larga y que termine en la Tónica.**

Trabajo Práctico Nº 19

Cadencias y procedimientos

a) Pensamos que lo mejor es hacer práctica de estas cadencias sueltas en cualquier tonalidad, hacer enlaces de:

V - I

IV - I

I - V

IV - I_4^6 - V - I

V - VI o bien V - IV_6 [1]

b) Si estás en grupo, un modo interesante de ejercitarse es armar adivinanzas con cuatro acordes, los dos últimos contendrán uno de los gestos cadenciales. Tus compañeros tratarán de reconocer de qué cadencia se trata.

Trabajo Práctico Nº 20

Antes de continuar, es oportuno hacer una serie de trabajos libres aplicando los conocimientos adquiridos hasta aquí. El trabajo consiste en realizar 5 series de cifrados para tocar en Mayor y menor y luego escribirlas. Obviamente, vamos a usar acordes invertidos, reemplazos, cadencias, etc.

Hay dos modos de encarar este tipo de elaboraciones:

1. Haciendo una **línea de bajos** que luego te permita jugar con todo lo que has usado hasta ahora.
2. Estableciendo una **secuencia de cifrados** similar a los que yo te he propuesto.

---

1 Cuando el V evita al I dirigiéndose al VI o al IV_6 es conveniente duplicar la Tónica en el acorde de llegada, que en el caso del VI es duplicar la tercera, en el IV_6 la quinta.

Trabajo Práctico Nº 21

Cadena de dominantes

Tocá, por favor, esta encadenación en el teclado: primero sólo los bajos, para tener claro su movimiento; luego, con los acordes completos y en diferentes tonalidades Mayores y menores.

I . IV . VII . III . VI . II . V . I

Trabajo Práctico N° 22

Cadena de Dominantes Auxiliares (DA)

Hay que practicar la Cadena de Dominantes con ^{DA} en varias tonalidades, primero al piano y después también escribiéndolo (ojo con el V en el Modo menor, recordamos que el V es siempre Mayor, por ahora).

Ejercicio previo

I - I^{DA} - IV - IV^{DA} - VII - VII^{DA} - III - III^{DA} - VI - VI^{DA} - II - II^{DA} - V - V_7 - I

Trabajo Práctico Nº 23

Elaboraciones a 4 partes

1. $I - I^{DA} - IV - II^{DA} - V - V_7 - I$

2. $I - III - III^{DA} - VI - IV^{DA} - V_7 - I$

3. $I - IV - II - II^{DA} - V - V_{4sus} - V_7 - VI - IV - I\,{}^6_4 - V - V_7 - I$

4. $I - V - I - IV - VII - VII^{DA} - III - VI - V_7 - I$

Ahora también con algunos acordes invertidos

5. $I \quad VI^{DA} \quad II \quad VII \quad VII^{DA} \quad III^{DA} \quad VI \quad V^6_5 \quad I$

6. $I \quad I^{6\ DA}_5 \quad IV \quad II^{DA} \quad V \quad VI \quad VI_2^{DA} \quad II^{6\ DA}_5 \quad I^6_4 \quad V_7 \quad I$

7. $I \quad IV^6_4 \quad I \quad II^{DA} \quad V^4_3 \quad I_6 \quad VI^{6\ DA}_5 \quad II_2^{DA} \quad V^6_5 \quad I$

8. $V \quad I \quad VI^{DA} \quad II^{DA} \quad VII^{DA} \quad III \quad VI^{DA} \quad II^4_3 \quad V \quad I \quad IV^{DA}$
   $I^6_4 \quad V_7 \quad I$

Trabajo Práctico N° 24

Cadena de dominantes efectivas (e)

Tocá en el piano la siguiente secuencia en varias tonalidades Mayores y menores. Una vez que estés segura/o, llevála al papel.

Ejercicio previo

$$\mathrm{I}\ \ \mathrm{I}^{e}\ \ \mathrm{IV}\ \ \mathrm{IV}^{e}\ \ \mathrm{VII}\ \ \mathrm{VII}^{e}\ \ \mathrm{III}\ \ \mathrm{III}^{e}\ \ \mathrm{VI}\ \ \mathrm{VI}^{e}\ \ \mathrm{II}\ \ \mathrm{II}^{e}\ \ \mathrm{V}\ \ \mathrm{V}_{7}\ \ \mathrm{I}$$

Trabajo Práctico N° 25

Elaboraciones a cuatro partes

Si te hace falta, podés usar algunos acordes en inversión además de los que te propongo.

1. $\mathrm{I}\ \ \mathrm{IV}\ \ \mathrm{II}_{6}^{e}\ \ \mathrm{V}\ \ \mathrm{IV}_{6}\ \ \mathrm{V}_{7}\ \ \mathrm{I}$

2. $\mathrm{I}\ \ \mathrm{IV}\ \ \mathrm{II}\ \ \mathrm{II}^{e}\ \ \mathrm{V}\ \ \mathrm{VI}\ \ \mathrm{IV}\ \ \mathrm{III}\ \ \mathrm{V}\ \ \mathrm{V}_{7}\ \ \mathrm{I}$

3. $\mathrm{I}\ \ \mathrm{V}\ \ \mathrm{I}\ \ \mathrm{IV}\ \ \mathrm{VII}\ \ \mathrm{VII}^{e}\ \ \mathrm{III}\ \ \mathrm{V}_{7}\ \ \mathrm{I}$

4. $\mathrm{I}\ \ \mathrm{I}^{6\ e}_{5}\ \ \mathrm{IV}\ \ \mathrm{II}^{e}\ \ \mathrm{V}\ \ \mathrm{VI}\ \ \mathrm{VI}_{2}^{e}\ \ \mathrm{II}^{6}_{5}\ \ \mathrm{II}^{6\ e}_{5}\ \ \mathrm{V}_{4\ sus}\ \ \mathrm{V}_{7}\ \ \mathrm{I}$

5. $\mathrm{I}\ \ \mathrm{IV}^{6}_{4}\ \ \mathrm{I}\ \ \mathrm{II}^{e}\ \ \mathrm{V}^{4}_{3}\ \ \mathrm{I}\ \ \mathrm{VI}^{e}\ \ \mathrm{I}^{DA}\ \ \mathrm{II}_{2}^{e}\ \ \mathrm{V}^{4}_{3}\ \ \mathrm{I}$

6. $\mathrm{V}\ \ \mathrm{I}\ \ \mathrm{VI}^{e}\ \ \mathrm{II}^{e}\ \ \mathrm{VII}^{e}\ \ \mathrm{III}\ \ \mathrm{VI}^{e}\ \ \mathrm{II}^{4}_{3}\ \ \mathrm{V}\ \ \mathrm{I}\ \ \mathrm{II}^{e}\ \ \mathrm{I}^{6}_{4}\ \ \mathrm{V}_{7}\ \ \mathrm{I}$

Trabajo Práctico N° 26

Alternamos "DA" y "e"

Desde acá en adelante, ya debieras ser libre de usar acordes con séptima cuando te parezca, y sobre todo en el V-I final.

Si algunas consignas "no te dan" o no les encontrás la vuelta, aplicá tus criterios modificando el ejercicio! Podés cambiar un acorde por otro, agregar o quitar. Si aún no lo hiciste, es el momento de poner en juego tu capacidad de interlocución con lo "dado"!

1. I^{DA} IV^{DA} III^{e}_{6} VI IV^{DA} I^{6}_{4} V_{7} I
2. I IV^{6}_{4} I^{DA} $VI^{6\ e}_{5}$ II IIe V VI IV I^{6}_{4} V_{2} I_{6} V_{7} I
3. I V^{6}_{4} $I^{6\ e}_{5}$ IV $IV^{6\ e}_{5}$ VII^{DA} III^{e}_{2} VI_{6} V^{6}_{5} V_{7} I
4. I VII IV_{6} V I^{DA} IV IIe I^{6}_{4} V I
5. I I^{DA} IIIe VI VII^{4}_{3} III V I^{e}_{6} IV I^{6}_{4} V I
6. I IV^{DA} IIe V VI II VIe II IIe I^{6}_{4} V I

Trabajo Práctico N° 27

Cadena de Dominantes con Fundamental omitida ($X^{\mathcal{O}}$)

Ahora vamos a armar la Cadena de Dominantes con Fundamental Omitida, teniendo mucho cuidado en la mutación de cada uno de los acordes.

Recomiendo repasar el capítulo dedicado a la Fundamental Omitida, y el TP N°10 del cuerpo del libro.

Cada acorde entra en estado Fundamental, y para transformarse en Omitido debe estar con la tercera (mayor) en el bajo.

Además, obviamente, agregarle la séptima y la novena.

Tocar Cadena de dominantes (en tonos Mayores y menores), transformando cada grado en omitido, de la siguiente manera:

I $\mathrm{I}^{ø}$ IV $\mathrm{IV}^{ø}$ VII $\mathrm{VII}^{ø}$ III $\mathrm{III}^{ø}$ VI $\mathrm{VI}^{ø}$ II $\mathrm{II}^{ø}$ V $\mathrm{V}^{ø}$ I

Trabajo Práctico N° 28

Acordes con Fundamental omitida

Notará quien vea atentamente que hay repeticiones de grados: es para que desarrollen la imaginación -y se creen problemas, jeje! - jugando con las inversiones.

Asi mismo, cuando hay más de un acorde con Fundamental Omitida continuados, es para jugar con las inversiones del acorde disminuído.

Consejito: Hasta tener claro el manejo, conviene ubicar el acorde con fundamental omitida en primera Inversión, es decir, con la tercera en el bajo , de manera tal que resuelva en la tónica.

1. I IV $\mathrm{V}^{ø}$ I I $\mathrm{V}^{ø}$ IV IV $\mathrm{V}^{ø}$ I

2. I $\mathrm{V}^{ø}$ I I IV IV V I

3. I I IV IV $\mathrm{V}^{ø}$ V I IV $\mathrm{V}^{ø}$ V I

4. I IV_6 I^6_4 $\mathrm{V}^{ø}$ I_6^* I IV IV_6 $\mathrm{V}^{ø}$ V I

5. I $\mathrm{V}^{ø}$ $\mathrm{V}^{ø}$ I_6 I IV_6 $\mathrm{V}^{ø}$ I

6. I I_6 I^6_4 IV_6 IV I_6 $\mathrm{V}^{ø}$ $\mathrm{V}^{ø}$ $\mathrm{V}^{ø}$ IV^6_4 IV I^6_4 V I

* En casos como éste, en el que el I está invertido, hay que colocar el acorde omitido con una nota en el bajo que le permita resolver de modo fluido y lógico.

Trabajo Práctico N° 29

Segundo napolitano

Recordá: es conveniente (no obligatorio) usar el Napolitano en primera Inversión y duplicar la tercera.

1. I IIIe VI $II_{6\,Nap}$ I^{6}_{4} V I

2. I IV $VI^{\emptyset}$ II VIIe III^{DA} $II_{6\,Nap}$ VI V I

3. I_{6} V^{4}_{3} I^{e} IV II_{6Nap} V IV_{6} I^{6}_{4} V I

4. V^{6}_{5} I VI^{DA} $II_{6\,Nap}$ V VI_{desc} IVm^{DA}[2] IIe V I

5. I II_{2} I^{DA} IV $II^{6\,DA}_{5}$ $VI^{4\,DA}_{3}$ $II_{6\,Nap}$ $II^{\emptyset}$ $V_{4\,sus}$ V I

2 Pedimos el IV menor en el caso de que estés haciendo el ejercicio en modo Mayor. Esta alternativa es frecuente y se la llama "intercambio modal", y en los ámbitos académicos IV artificial.

Trabajo Práctico N° 30

Segundo con sexta aumentada

Recordamos que este acorde lleva casi siempre la Quinta Descendida en el Bajo, y que es conveniente usarlo con séptima para evitar duplicaciones que podrían generar octavas o quintas paralelas.

1. I IIIe VI $II_{6\,Au}$ I^{6}_{4} V I

2. I IV $VI^{\emptyset}$ II VIIe III $II_{6\,Au}$ V I

3. I II_{2} I^{DA} IV II^{DA} V $II_{6\,Au}$ I^{6}_{4} V I

4. I IV^{6}_{4} I^{DA} $VI^{6\,e}_{5}$ II $II_{6\,Au}$ V VI IV I^{6}_{4} V_{2} I_{6} V_{7} I

5. I VII IV_{6} V I^{DA} IV $II_{6\,Au}$ I^{6}_{4} V I

6. I IV^{DA} IIe V VI II $VI^{e}_{(asc)}$ $II_{(m)}$ $II_{6\,Au}$ I^{6}_{4} V I

Trabajo Práctico N° 31: Acorde con quinta aumentada (5+)

Les propongo que en el caso de los acordes que llevan Quinta Aumentada transiten el cromatismo de modo explícito. De esa manera, se les va a simplificar la práctica y a ordenar la conducción, sabiendo que cuando lo manejen con mayor confianza podrán abordar otros modos de tratar estos acordes.

Por otra parte, también recuerden que si el acorde original es Mayor, sube un semitono la Quinta. Si es menor, desciende un semitono la Fundamental y duplica la Tercera, que a su vez va en el Bajo (Primera Inversión).

Estos ejercicios deben hacerse en tonos Mayores o menores según se indique, de otra manera es posible que no den bien.

Tónica Mayor

1. $I_{(5+)}$ IV^6_4 I^{DA} $VI^{6\,e}_5$ II IIe $V_{(5+)}$ VI^{DA} IV I^6_4 V_2 I_6 V_7 I

Tónica menor

2. $I_{(5+)}$ III I^{DA} $VI^{6\,e}_5$ IIm IIe $V_{(5+)}$ VI_{asc} IIe V I^6_4 V_7 I

Tónica Mayor

3. $I_{(5+)}$ IV^{DA} IIe V $VI_{(5+)}$ II VIe II IIe I^6_4 V I

Tónica menor

4. $I_{(5+)}$ III IIe V $VI_{(5+)}$ II VIe II IIe I^6_4 V I

Trabajo Práctico N° 32:
Epílogo

Para dar un cierre a este trabajo, te propongo algunas líneas de soprano y luego de bajos para que elijas una armonización posible y finalmente completes las tres voces que faltan. Estarán en juego todos los elementos conocidos hasta ahora.

TP 15 - Epílogo- 01

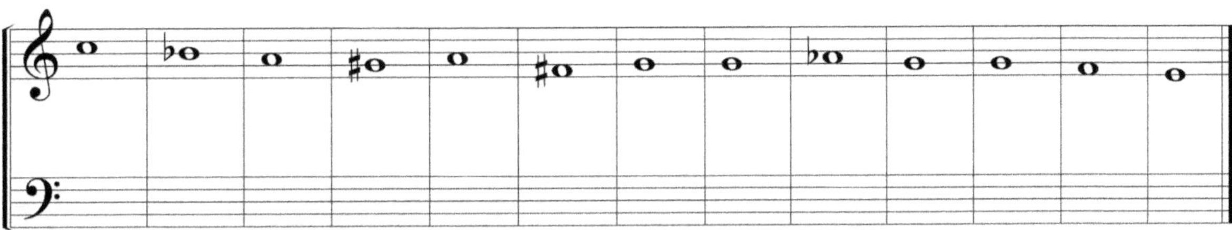

TP 15 - Epílogo- 02

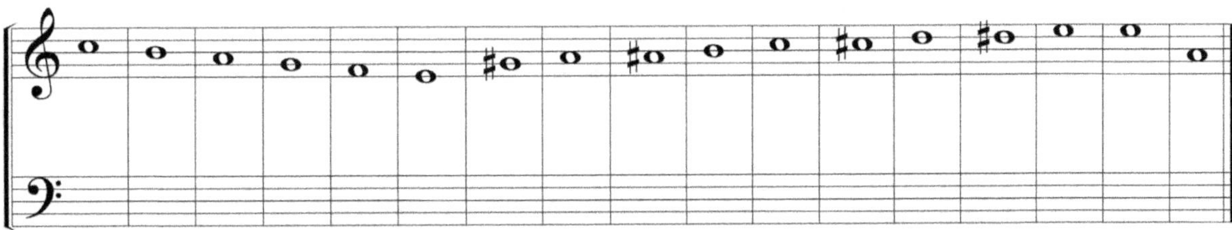

TP 15 - Epílogo- 03

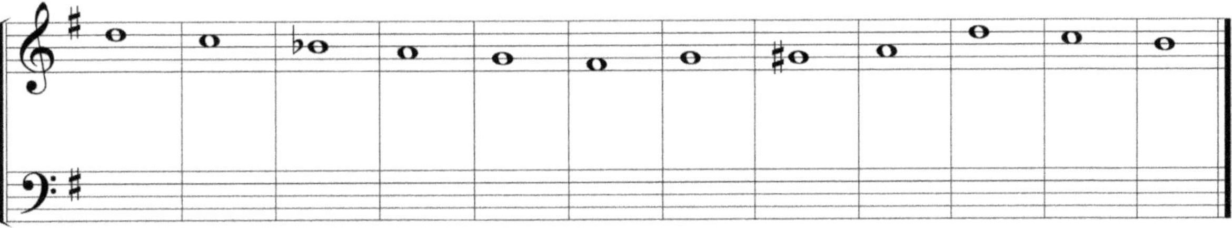

TP 15 - Epílogo- 04

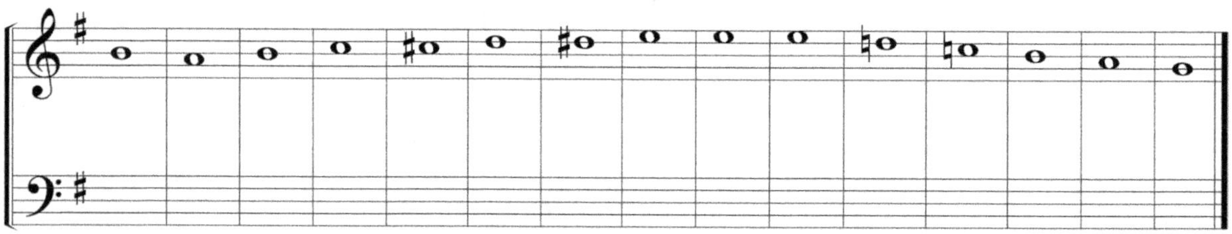

TP 15 - Epílogo- 05

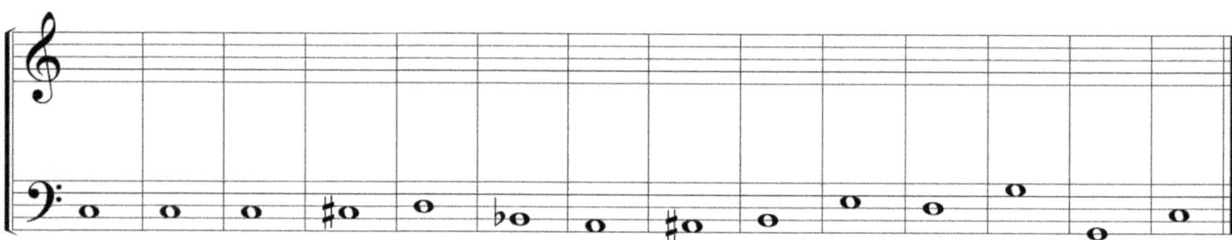

TP 15 - Epílogo- 06

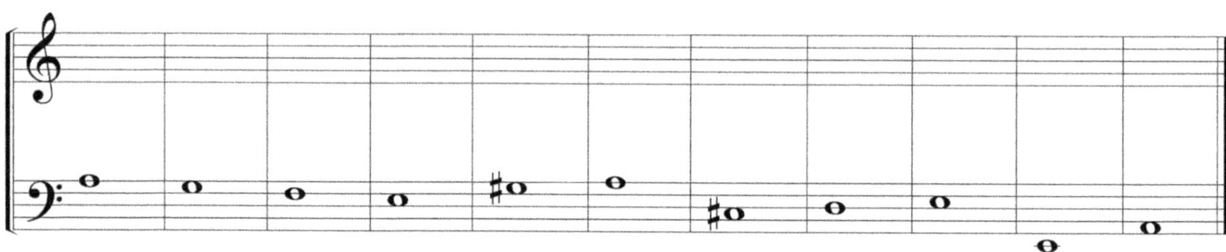

Conclusión

Y bien, amigos, llegamos al final de esta aventura, y seguramente se iniciarán otras!

Recomiendo continuar este trabajo analizando y luego reconstruyendo Corales de J. S. Bach. Saltando en el tiempo, este hombre nos enseña hoy cómo hacer ciertas cosas... y nos sorprende. De todos modos, para esa tarea, te vendrá bien tener un buen profesor al lado. Hay colegas brillantes, muchas y muchos profes que pueden acompañarte muy bien!

Quienes sigan todavía más adelante tendrán que adentrarse en el mundo de la Forma, o "Morfología". Esto es indispensable a la hora de escribir, y por supuesto, a la hora de interpretar música. **En el fondo, mucha gente puede tener una buena idea musical. Otra cosa es aprender a sacarle jugo.**

Saber desarrollar una idea es el modo de hacernos comprender. Cuanto mejor y más claro sea el desarrollo, más posibilidades tendrá el oyente de percibir el mensaje.

Principalmente escuchen de todo, y lo más abiertos posible. La música bien hecha no pertenece a ningún ambiente en particular y de todos se pueden aprender cosas interesantes.

La picardía que caracteriza a cierta música popular está presente en Chopin, Beethoven, Bach o Mozart. Por eso mismo, no es conveniente decir que algo es de baja calidad sin saber cómo está hecho: todas las expresiones tienen sus secretos y guardan riquezas.

Este trabajo, como dije al inicio, no es más que una introducción al conocimiento de la Armonía y el Contrapunto a través de la propia Creatividad.

Espero que sirva como humilde contribución para que quien lo lleve adelante ame aún más la música y ame también conocer sus secretos como lenguaje.

Ojalá contribuya a tender puentes entre la práctica musical y el andamiaje teórico.

He insistido todo el tiempo en que toques los ejemplos y desarrolles tu percepción porque, como dice mi amigo Hugo Zamora, nadie aprende fútbol estudiando de memoria el reglamento. Lo más grave es que al hablar de fútbol todo el día creerá que sabe... y se engañará.

Un verdadero profesional debe conocer el encanto del potrero y la sobriedad de la "Escuela de Fútbol". No resulte que, a la hora de jugar, los "incultos" te den el pesto.

Edgar Ferrer

Sobre el autor

Edgar Ferrer es un artista argentino de renombre, cuya carrera abarca una amplia gama de logros y contribuciones al mundo de la música. Inició su formación oficial en Buenos Aires en 1982, donde se graduó primero en Guitarra, y luego obtuvo títulos de grado y posgrado en Composición y Dirección de Orquesta, ésta última con Medalla de Oro.

A lo largo de los años, se ha destacado como compositor, director de orquesta y arreglista, trabajando en una variedad de géneros musicales académicos y populares, y colaborando con artistas tanto nacionales como internacionales, abarcando obras del período romántico, y también de diversos folclores, tango, jazz y comedia musical. También ha compuesto música para el cine, la danza y el teatro.

En su trayectoria profesional, ha dirigido numerosos conciertos y ha realizado arreglos orquestales para importantes figuras de la música, presentándose en escenarios prestigiosos en todo el mundo. Por mencionar los destacados: Teatro Colón de Buenos Aires, El Círculo de Rosario, y los teatros de las ciudades de Salta, San Juan, Asunción del Paraguay, Municipal de Santiago de Chile, también Caupolicán de Chile, Teatro Real de Madrid, Málaga, Metropolitan de Mexico, y en Miami, New York, Puerto Rico, Budapest y Suiza.

Su obra ha sido reconocida con premios y becas, entre ellos la Beca a la Creación del Fondo Nacional de las Artes en 2021. Su obra "La Lámpara en la Tierra", sobre textos de Pablo Neruda, fue galardonada por la Asociación Argentina de Compositores en 1994. La editorial francesa Henry Lemoine ha publicado varias de sus obras.

Además de su labor estrictamente musical, ha compartido su experiencia a través de la enseñanza, dictando cursos, talleres y *master classes* en varias instituciones académicas, en Argentina y el extranjero. Recientemente ha dictado un taller de orquestación en música popular a doctorandos de la Universidad de Valladolid.

En 2003 fundó la Orquesta Sinfónica del Conservatorio Superior de Música Astor Piazzolla de Buenos Aires, junto a M° Néstor Schmidt y M° Susana Durán. En más de 20 años al frente de ese organismo ha estrenado numerosas obras de compositoras y compositores argentinos contemporáneos vivos, y dirigido a muchos jóvenes intérpretes en sus primeras actuaciones como solistas.

Como docente a menudo es convocado para acompañar procesos de formación de profesionales destacados del medio musical nacional y extranjero.

Como pedagogo, su libro *Técnicas de creatividad musical* lleva más de 20 años acompañando la formación holística de músicos profesionales.

Desde 2024, es padrino del Poncho Santamariano, cooperativa de hilanderas Tinku Kamayu.

Su compromiso con la música va más allá de su práctica artística: considera que los artistas son guardianes de la memoria y se esfuerza por honrar esa responsabilidad en su trabajo. A través de sus conciertos, composiciones, arreglos y la docencia, continúa dejando una huella perdurable en el mundo de la música. Lo académico, lo popular y las raíces étnicas se integran naturalmente en su ecléctica expresión musical.

De hecho, la cantante, compositora y antropóloga Lila Downs, durante un concierto sinfónico en el escenario del Teatro Colón lo presentó como un "traductor de mundos".

www.edgarferrer.com.ar

www.ingramcontent.com/pod-product-compliance
Lightning Source LLC
LaVergne TN
LVHW080552160826
845677LV00010B/1821
* 9 7 8 6 3 1 6 5 9 3 8 9 4 *